LES INVENTEURS

ET LES

CAPITALISTES

QUELQUES MOTS

SUR

LES MOYENS DE CONCILIER LEURS INTÉRÊTS

PAR

Jules MARESCHAL, Mécanicien.

PARIS

MALLET-BACHELIER, GENDRE ET SUCCESSEUR DE BACHELIER,

Imprimeur-Libraire

DU BUREAU DES LONGITUDES, DE L'ÉCOLE IMPÉRIALE POLYTECHNIQUE,

QUAI DES AUGUSTINS, 55.

1857

LES INVENTEURS

ET LES CAPITALISTES.

PARIS. — IMPRIMERIE FÉLIX MALTESTE ET Cⁱᵉ,
rue des Deux-Portes-St-Sauveur, 22.

LES INVENTEURS

ET

LES CAPITALISTES

QUELQUES MOTS

SUR

LES MOYENS DE CONCILIER LEURS INTÉRÊTS

PAR

JULES MARESCHAL, Mécanicien.

PARIS

MALLET-BACHELIER, GENDRE ET SUCCESSEUR DE BACHELIER,

Imprimeur-Libraire

DU BUREAU DES LONGITUDES, DE L'ÉCOLE IMPÉRIALE POLYTECHNIQUE,

QUAI DES AUGUSTINS, 55.

1857

SOMMAIRE.

CHAPITRE PREMIER.

CHAPITRE II.

CHAPITRE III.

A

M. JULES MARESCHAL,

ANCIEN DIRECTEUR A LA LISTE CIVILE, CHEVALIER DE LA LÉGION D'HONNEUR.

Mon cher Oncle,

Permets-moi de te dédier ce premier essai que tu as bien voulu parcourir avec quelqu'indulgence. Aussi bien cette dédicace te revenait de droit, si mince que soit l'œuvre, car c'est à toi que je dois d'avoir, par avance, un nom avantageusement connu, puisque mes nom et prénom sont les tiens. Cette parfaite homonymité, qui m'a valu plus d'un flatteur quiproquo, me fait espérer aujourd'hui quelqu'accueil : On s'empressera d'ouvrir cette brochure croyant trouver ce style élégant, ces pensées pures et élevées, cette logique serrée, précieuses qualités de l'écrivain auxquelles tu as habitué tes lecteurs. On s'apercevra bientôt de la méprise, mais le premier pas sera fait ; le feuillet tourné, on continuera de lire, ne fût-ce que pour voir si ton neveu marche au moins de loin sur tes traces, et, grâce à toi, je ne passerai pas inaperçu.

Cependant je ne puis abuser tout-à-fait de cette heureuse coïncidence : je dois te laisser ta *firm*, ta marque de fabrique, et en adopter une un peu différente, c'est pourquoi je signe Jules Mareschal, *Mécanicien*.

Quelques amis auraient voulu me voir prendre un autre titre : ils prétendent que la qualification de Mécanicien est trop vulgaire : qu'aux yeux de bien des gens un Mécanicien est toujours un homme au langage plus énergique que choisi, un homme de travail manuel et fort peu intellectuel ; que d'ailleurs cette qualification de mécanicien se trouve accolée aujourd'hui à mille professions différentes, à des métiers de toutes sortes.

Après avoir bien pesé ces diverses raisons, je m'en suis tenu à ma première résolution, et si je l'avais modifiée c'eût été pour des motifs diamétralement opposés à ceux qui m'ont été présentés.

En effet, qu'est-ce que la Mécanique ? C'est tout à la fois une science et un art. Qu'est-ce qu'un Mécanicien vraiment digne de ce nom ? C'est un savant et un artiste : il a l'esprit de recherche de l'un et l'inspiration de l'autre : il possède le sentiment du beau et de l'utile. Les mathématiques et le dessin forment la base de son savoir, il sait aussi les grandes lois de physique qui régissent les corps, et la chimie ne lui est pas étrangère. Il sait en outre monter la machine dont il a tracé les plans et il quitte volontiers 'le crayon ou la plume pour saisir la lime ou le marteau. Voilà en quelques mots ce qu'est le Mécanicien ou plutôt ce qu'il doit être. Marcher dans cette voie avec le désir ardent d'arriver au but peut suffire à une ambition plus qu'ordinaire.

Mais il n'est que trop vrai que la plupart de ceux qui empruntent le nom de la profession sont loin de répondre à ce programme ; on a abusé du titre, chacun s'en est décoré sans vergogne : Tel, qui ne saurait pas calculer un engrenage ni cuber le moindre objet, se dit mécanicien parce qu'il a fait quelques raccommodages de métiers. Les fabricants de chaudrons, de poêles, de cafetières, de clysopompes, les brocanteurs, les dentistes et les orthopédistes se disent mécaniciens, bien souvent sans connaître même les premières notions de la mécanique.

Cet abus en a fait surgir un autre. Les véritables Mécaniciens ont dédaigné ce titre si gaspillé, pour en choisir de nouveaux qui certes ne valent pas l'ancien. On s'intitule aujourd'hui *Constructeur*, ou *Ingénieur-Mécanicien*. Mais ne semble-t-il pas que cette expression d'ingénieur-mécanicien soit un pléonasme, et que le mot d'ingénieur n'ajoute rien à celui de mécanicien entendu comme il doit l'être ? Qu'est-ce qu'un ingénieur ? Je lis dans Bescherelle « ingénieur, s. m. « (en latin *in* dans ; *genium*, génie, invention ; d'où l'on avait « d'abord formé les mots *engin* machine, instrument ; *engi-* « *gnour* ingénieur) » l'ingénieur est donc un homme qui combine des engins. Et n'est-ce pas là précisément le travail du mécanicien ?

Quant à l'expression de constructeur elle me paraît amoindrir singulièrement celui qui l'adopte, et ce n'est certes pas son intention : Constructeur ? Cela veut dire un homme qui construit des machines; mais on peut construire des machines sans avoir appris la mécanique, sans être mécanicien. Un homme intelligent choisit un bon appareil existant ; il le copie exactement, avec soin : celui-là est constructeur, fabricant de machines, mais il n'est pas mécanicien s'il n'a pas les connaissances voulues pour composer cette machine, en tracer les épures, en calculer les efforts et les résistances.

Il faut donc en revenir à l'expression première : On l'a abandonnée, c'est un tort, suivant moi, une désertion fâcheuse. La mécanique, cette science si noble et si belle, méritait des adeptes plus courageux. Le titre de mécanicien est avili, dit-on : Mais est-ce que les banquiers, les médecins, les avocats, les peintres ont modifié le nom de leur profession parce que l'on rencontre, de par le monde, des usuriers, des charlatans et des barbouilleurs ?...

Un spirituel chroniqueur rapportait dernièrement qu'une jeune personne, revenant du bal, s'écriait avec orgueil : « J'ai dansé avec un chimiste ! » Cette jeune personne avait raison, car les chimistes sont des hommes nécessairement instruits : ils ont appris la science qu'ils appliquent, ils étudient de nouvelles combinaisons, de nouvelles affinités pour doter l'industrie de nouveaux procédés, de nouveaux produits. Ce sont des hommes de théorie et de pratique : ce sont aussi pour la plupart des hommes du monde. Eh bien, s'il prenait fantaisie à Messieurs les épiciers, à Messieurs les marchands de vin, à Messieurs les fabricants de lait, s'il prenait fantaisie, dis-je, à ceux de ces messieurs qui ont eu maille à partir avec la police correctionnelle d'usurper ce titre de chimiste, prétendant qu'ils étudient, eux aussi, les mélanges et les affinités des corps, à leur manière, et qu'ils créent sans cesse de nouveaux produits, faudrait-il donc que les véritables chimistes renonçassent à leur titre parce que des faiseurs en auraient abusé?

Bref, je proteste contre la manie de ceux qui n'étant pas mécaniciens osent proclamer qu'ils le sont, et je n'approuve pas ceux qui, l'étant bien réellement, se sont débaptisés ; je résiste à l'entraînement, je maintiens la qualification de mécanicien qui m'appartient, sinon par le talent, que chacun peut discuter, du moins par la vocation, par mes occupations de chaque jour, par les études qui m'ont donné les notions de la science que je m'efforce d'appliquer, et je signe, mon cher oncle,

Ton Neveu tout dévoué ,

Jules **MARESCHAL**,
Mécanicien.

LES INVENTEURS

ET LES CAPITALISTES.

QUELQUES MOTS

SUR

LES MOYENS DE CONCILIER LEURS INTÉRÊTS.

Les Inventions modernes ont profondément modifié les relations sociales, elles changeront la face de l'univers.

Elles enrichissent chaque jour la science de nouveaux moyens d'étude et d'investigation. Elles propagent le culte du beau, reproduisant à l'infini les chefs-d'œuvre des arts. Elles suppriment les distances, rapprochent les nations, adoucissent les mœurs. Elles affranchissent l'humanité des labeurs abrutissants. Elles contribueront puissamment à résoudre le redoutable problème du paupérisme en rendant la terre partout féconde et les eaux abondamment peuplées. Elles donneront à l'homme l'empire des airs. Dans un avenir prochain, peut-être, de nombreuses flottes aériennes franchiront rapidement l'espace, répandant partout l'esprit de civilisation et de paix universelle.

En présence des bienfaits accomplis et de ceux près de s'accomplir, ne serait-on pas tenté de penser que les inventions nouvelles sont de nos jours accueillies avec empressement, encouragées, soutenues dès leur apparition? Il n'en est rien cependant. La plupart des inventeurs n'arrivent à conquérir le droit de cité qu'après de longues années d'épreuves, d'efforts, de misères, de déceptions.

Pourquoi ces enfantements douloureux? Pourquoi cette apparente injustice de la société au préjudice du progrès, cet abandon, cette froide misère, dans laquelle on laisse végéter longtemps les meilleures inventions?

Quelles sont, enfin, les causes de la défaveur qui frappe les inventeurs, et quels sont les moyens de la faire cesser? Telle est la double question que nous nous sommes proposé d'étudier.

Les observations auxquelles cette étude nous a conduit, ont au moins, à défaut d'un autre mérite celui d'être inspirées par le désir du bien : c'est à ce titre que nous les présentons.

CHAPITRE PREMIER.

—

Les Inventeurs comptent parmi eux des hommes illustres, autant par leur position sociale que par leur vaste érudition, des savants, des ingénieurs, qui sont la gloire de la France, nos maîtres, devant lesquels nous nous inclinons avec respect et dont nous recherchons avidement les utiles leçons. Et nous avons vu un Souverain, dont tous les actes ont un cachet de grandeur incontestable, revendiquer l'honneur d'avoir inventé un engin de guerre qui a puissamment contribué à donner la victoire à nos armes (*Note* I).

Mais les inventeurs ne se rencontrent pas seulement dans ces hautes régions de la science et du pouvoir. Toutes les industries provoquant de nouvelles inventions qui les perfectionnent, et ces inventions étant nécessairement faites par les gens du métier, les inventeurs se trouvent disséminés dans toutes les positions sociales. Ce sont pour la plupart des artisans, des fabricants observateurs et ingénieux, qui, chaque jour, en face des difficultés du travail, dans ses mille ramifications, cherchent et trouvent les moyens de les surmonter. Or, il faut l'avouer, ces hommes, habiles chacun dans leur profession, n'ont point, pour la plupart, l'instruction générale, qui s'applique à toutes choses et donne la rectitude du jugement. Et ce qui est plus fâcheux encore, ils n'ont point les notions positives qu'il faut avoir pour réaliser une bonne idée et pour s'en assurer la possession. Hommes d'imagination, ils manquent de l'érudition spéciale. En tant que fabricants, artisans, hommes pratiques, ils ont un mérite et une valeur incontestables. Mais, comme inventeurs, ils sont au-dessous de leur tâche. L'art d'inventer exige impérieusement des connaissances approfondies sur des matières très diverses et quela plupart de ceux qui invententignorent complétement. De là ces lenteurs, ces demi-succès, ces après-coup, puis ces rapts, ces violences de la contrefaçon dont les inventeurs sont trop souvent victimes et qui éloignent d'eux les capitalistes.

Nous ajouterons que si l'on ne rencontre pas parmi les inventeurs toutes les lumières désirables, l'on constate une ignorance presque générale des questions techniques et scientifiques parmi les capitalistes et les gens du monde appelés par leur position à seconder les inventeurs. Dans cette foule d'hommes distingués à tant de titres, qui pourraient aider les inventeurs de mérite de leurs capitaux, au grand avantage des uns et des autres, il y en a fort peu qui soient capables de porter un jugement sain sur les projets de ceux-ci.

De cette double insuffisance, cause principale du mal que nous signalons, la raison est facile à trouver.

Nous sommes dans une époque de transformation. L'industrie a pris subitement un essor prodigieux et les hommes ont manqué. Chacun a dû s'occuper d'industrie, sans y avoir été préparé de longue main.

Lorsque la France décida, coup sur coup, qu'elle aurait une marine à vapeur et des chemins de fer, la mécanique, qui était l'âme des opérations à entreprendre, en éprouva une impulsion soudaine. On s'occupa avec passion d'industrie, de machines, d'appareils de toutes sortes, pour les déblais, les remblais, les épuisements, les travaux d'art. Des novateurs improvisés proposèrent des moteurs, des multiplicateurs de force, des voitures roulant seules, des engins merveilleux. Les inventeurs délaissés jusque-là devinrent à l'ordre du jour. C'était à qui patronerait une invention. Des hommes très sensés d'ailleurs, devenus actionnaires, déraisonnaient très sérieusement sur des questions élémentaires de mécanique et chacun de les écouter religieusement et de s'enthousiasmer de confiance, car bien peu d'hommes étaient alors capables de raisonner juste en ces matières. Que d'essais puérils furent faits à cette époque ! que de tentatives ridicules ; que d'inventions extravagantes ; que de peines ; que de soins, de démarches, d'argent dépensé ! Et tout cela pour produire... Quoi ?.. de la ferraille à un sou la livre !

Cette ignorance profonde au milieu de laquelle les nouveaux besoins de notre époque vinrent surprendre les capitalistes, les inventeurs et les constructeurs, tend chaque jour à diminuer. La lumière se fait : Nos écoles industrielles sont des pépinières qui, chaque année, fournissent à l'industrie des élèves-ingénieurs, des hommes spéciaux, que celle-ci réclame. Mais ces écoles sont de création trop récente pour que les hommes qu'elles ont formés se rencontrent en grand nombre dans les hautes régions des affaires, dans la classe des gens riches, des capitalistes. Ils sont encore pour la plupart au milieu de la carrière qu'ils parcourent avec succès, mais ils ne sont point encore arrivés au but, à la fortune. Les capitalistes de nos jours, sauf quelques individualités exceptionnelles qui ont marché à pas de géant, nos capitalistes disons-nous, ont fait leurs études dans les colléges, où ils ont appris le latin, le grec, les belles-lettres ; mais de mathématiques, point ; de mécanique appliquée, moins encore, elle n'existait pas de leur temps : Les Dupin, les Poncelet, les Morin, et tant d'autres savants, théoriciens et praticiens, n'en avaient pas encore fait une science abordable. La mécanique n'était alors qu'un métier sans règles certaines, exercé par des praticiens généralement fort peu instruits.

Voilà pourquoi nous voyons, d'une part, quantité d'inventeurs ne possèdant point toutes les qualités requises pour réaliser sûrement et à leur profit une idée bonne en principe, une amélioration véritable ; d'autre part, des capitalistes craignant de s'aventurer dans des entreprises dont ils ne peuvent se former une opinion raisonnée, et qui sont surtout frappés des échecs nombreux éprouvés autrefois par les inventeurs.

L'impression dominante aujourd'hui parmi les capitalistes c'est le souvenir de ces échecs. Au lieu de rechercher les inventeurs, ils les évitent avec soin ; ils ne se trouvent pas en sûreté dans leur compagnie, ils craignent de se mettre à la merci de ces hommes, dont ils ne comprennent point le langage pratique. Leurs lenteurs leur seraient insupportables, sinon suspectes, habitués qu'ils sont aux rapides évolutions des opérations de Bourse. En un mot, la mode a été pour les inventeurs pendant un temps, elle est contre eux aujourd'hui.

Dans ces conditions, est-il surprenant que les meilleures inventions soient délaissées? Non sans doute. Dans l'impuissance de discerner les projets sérieux et réalisables des chimères et des utopies on frappe toutes les inventions de la même réprobation : L'ivraie étouffe le bon grain : L'inventeur amateur a tué l'inventeur sérieux.

Et cette répulsion des capitalistes envers les inventeurs est raisonnable. Leurs craintes ne sont que trop fondées. Quoi qu'il nous en coûte, étant nous-même dans la classe de ces infortunés chercheurs, nous devons le déclarer cependant, puisque telle est notre conviction : Oui ces craintes sont fondées, justes, raisonnables, car les chances d'insuccès d'une invention sont nombreuses, et le capitaliste, presque toujours incompétent en ces matières, risque fort de ne point les prévoir toutes, quels que soient d'ailleurs sa perspicacité et le soin qu'il veut apporter dans l'examen des projets pour lesquels on réclame son concours.

Examinons donc sincèrement les dangers qui menacent le bailleur de fonds de l'inventeur : sondons courageusement le mal, afin de trouver des remèdes efficaces.

L'invention proposée est-elle chimérique ou réalisable ? A-t-elle un caractère suffisant de nouveauté pour être brevetable ? L'idée première étant bonne, les moyens d'exécution indiqués sont-ils bien ou mal conçus ? cette invention ne sera-t-elle point bientôt surpassée par une invention meilleure et qui n'en sera pas la contrefaçon ? Le brevet sur lequel pivotera toute l'opération est-il valable ? A-t-il été pris dans des conditions telles qu'il soit une garantie réelle contre les contrefacteurs qui ne tarderont pas à se montrer, si l'invention est bonne ?

Telles sont les principales questions que le capitaliste étranger en ces matières devra chercher à résoudre. Comment y parviendra-t-il ?

On serait tenté de croire, tout d'abord, qu'il pourra se faire une idée assez juste de l'invention proposée, et des chances favorables et défavorables qu'elle présente, soit par l'examen d'un modèle en petit de la machine à construire, soit en prenant l'avis d'un ingénieur d'un mérite reconnu.

Rien de plus dangereux cependant, que ces moyens d'investigation. Sans doute l'ingénieur consulté, serait, dans bien des cas, à même de prévoir le résultat du projet soumis à son examen, *s'il y était intéressé*, parce qu'alors il prendrait le temps de l'étudier mûrement, d'en constater la nouveauté, d'en déterminer la valeur ou d'en découvrir les impossibilités. Il ferait les recherches, les études, les expériences préparatoires, les tracés nécessaires pour établir sa conviction. Mais on ne peut demander un pareil travail à des ingénieurs, à des savants dont tous les instants sont utilement occupés. D'ailleurs ils se prêtent difficilement à ces consultations. Ils ne veulent point encourir la responsabilité d'une opinion légèrement émise : Ils craignent à bon droit que leurs paroles soient mal interprétées, et que l'inventeur ou ses co-intéressés leur donnent une portée qu'il n'ont pas voulu leur donner. Supposons cependant cette consultation accordée ; l'ingénieur ne peut émettre qu'une opinion générale et sommaire sur l'invention qu'on lui soumet. Si son opinion est favorable, le capitaliste peut craindre qu'il se soit laissé entraîner par une idée originale et séduisante à première vue. Quant à la question des détails et des moyens d'exécution, l'ingénieur ne peut s'en expliquer à moins de prendre en mains la construction de la machine. Cette question reste donc tout entière. Et c'est bien souvent par les détails qu'une invention est frappée d'impuissance pour un temps plus ou moins long.

Si, au contraire, l'opinion du savant ingénieur est défavorable, ce qui est le cas le plus ordinaire, on peut craindre que, de sa part et presque à son insu, il n'y ait eu prévention, satiété d'inventions, sentiments qui s'expliquent parfaitement, quand on considère que les hommes en position d'obtenir ces consultations d'un ingénieur renommé ne protégent souvent un inventeur que par des considérations d'amitié ou de relations d'affaires, tout à fait étrangères à l'invention qu'ils ne peuvent juger ; ils condoient le projet sérieux sans le reconnaître, ils le repoussent pour patroner des combinaisons puériles dont ils fatiguent l'ingénieur ; le capitaliste risque donc fort de sortir du cabinet du savant sans être plus avancé.

L'examen du modèle en petit de la machine à construire ne peut l'éclairer davantage. Un pareil modèle n'a jamais rien prouvé. Les résultats qu'il donne dans ses dimensions restreintes sont rarement ceux de la machine exécutée en grand. Les conditions du travail n'y sont plus les mêmes. Certains effets augmentent dans une proportion géométrique, tandis que d'autres suivent une proportion arithmétique, et cela modifie singulièrement les résultats. Un modèle, dit au cinquième d'exécution, est réellement d'un volume cent vingt-cinq fois moindre que celui de la machine qu'il représente, et si ce modèle est au dixième, son volume est mille fois moindre. Par cette raison, les effets de la résistance de la chaleur et de la pesanteur spécifiques des corps, ceux de la dilatation et du retrait, de l'inertie et de la force centrifuge, ceux, si destructeurs des chocs et des trépidations, tous ces phénomènes naturels, dont il faut tenir grand compte dans la pratique, sont tout à fait inappréciables dans un modèle de dimensions réduites.

Puis, chaque machine nouvelle est destinée à venir en aide à des industries spéciales qui ont leurs habitudes de travail résultant de la nature des substances qu'elles traitent et des agents qu'elles emploient ; la machine-miniature n'indique que fort imparfaitement si l'inventeur s'est conformé à ces habitudes, à ces données d'expérience avec lesquelles il faut compter, bon gré, mal gré, sous peine d'insuccès.

Ajoutons enfin, que le petit modèle renferme toujours quelques modifications dans les conditions du problème. Ces modifications, qui ne pourraient être admises dans la machine d'exécution, et qui ne sont introduites dans le modèle que par suite de l'exiguité ou la fragilité des pièces qui le composent, sont néanmoins la cause réelle du succès apparent que l'on obtient, et sans elles, il disparaît.

Quelques exemples compléteront notre pensée et justifieront sans doute notre opinion sur ce point.

Un volant de vingt centimètres de diamètre, environ, dont la masse ne serait pas uniformément répartie, pourrait tourner sur son axe à 200 ou 300 tours à la minute sans inconvénient apparent, mais si ce volant avait un diamètre dix fois plus grand, il imprimerait des secousses intolérables à l'appareil auquel il serait relié, s'il ne volait bientôt lui-même en éclats.

Un câble, tendu entre deux points rapprochés, perdrait peu à peu sa solidité si l'on éloignait successivement ses supports, et il arriverait un moment où il se romprait par le seul effet de son propre poids, quel que fût d'ailleurs son diamètre.

Un chemin de fer, dont les rails se toucheraient bout à bout serait une véritable machine infernale, car les rails s'allongeant, en été, aux rayons du soleil (un millimètre par mètre environ, soit un mètre par kilomètre,) produiraient, en s'arc-boutant les uns aux autres, des ondulations qui renverseraient les locomotives ; catastrophe qu'un modèle de petites dimensions ne pourrait faire prévoir.

Une voiture à vapeur composée pour rouler sur les routes ordinaires fonctionnerait bien en petit sur une surface unie. Mais l'objet exécuté en grand ne pourrait affronter un défaut de pavé sans s'arrêter court, une irrégularité de terrain sans se disloquer, et il faudrait ramener la voiture... en voiture. Non pas, soit dit entre parenthèses, que nous doutions qu'un jour cet intéressant problème ne soit résolu ; nous croyons au contraire qu'il le sera pour les véhicules de toutes dimensions depuis le cabriolet rapide jusqu'au lourd fardier ; mais il ne nous paraît pas que jusqu'à présent on ait suivi la bonne voie.

Nous terminerons ce sujet en rapportant un fait dont nous fûmes l'obscur témoin, et qui, selon nous, doit fixer l'opinion sur la confiance qu'il faut accorder aux modèles de grandeur réduite.

Il s'agissait d'un machine à fabriquer les fers à cheval. L'inventeur avait construit lui-même, avec beaucoup d'intelligence, un modèle de démonstration de son système , qui confectionnait parfaitement de petits fers en plomb, tout percés, représentant exactement un fer prêt à clouer au sabot du cheval. Notre homme arrive à Paris avec son modèle sous le bras. Il ne tarde pas à trouver des bailleurs de fonds : c'était dans le bon temps où les inventeurs étaient de mode. On forme une société et l'on s'adresse à un mécanicien renommé, qui construit la machine dans les meilleures conditions. Tout paraît prévu. Déjà les actionnaires supputent les bénéfices à venir, qui seront énormes : ils ferreront l'armée, ils ferreront les particuliers, ils ferreront tout le monde , à la mécanique. Le jour des expériences arrive. La machine est terminée, il faut l'essayer : On prépare les lopins de fer, on engage le premier sous le cylindre de la machine... Mais le fer moins ductile que le plomb ne se déplace pas aussi facilement sous la pression des poinçons, il ne prend pas la forme de la matrice et bref il arrête la machine et reste engagé sous le cylindre... Que faire ? Puisque l'on ne peut réussir à froid, on opérera à chaud. C'est une complication, une augmentation du prix de revient sur laquelle on n'avait pas compté ; mais les bénéfices seront encore très beaux. On construit à la hâte un four pour chauffer les lopins et l'on recommence les essais. Le premier lopin est chaud, d'un beau rouge cerise : Il est présenté à la machine qui, cette fois, ne s'arrête pas, le pétrit en une seconde et le transforme en un fer à cheval irréprochable. Le succés paraît complet alors ! Un second lopin est présenté, un second fer est fabriqué aussi rapidement que le premier : cependant on remarque quelques bavures, les trous ne sont pas entièrement débouchés, il reste une toile mince de métal. Au troisième fer, ces toiles, ces bavures sont plus épaisses et la matière n'a pas fourni partout. Au quatrième l'imperfection est plus grande encore. On arrête la machine pour examiner la cause de cette malfaçon et l'on voit que la matrice en acier destinée à donner la forme aux fers, et les poinçons aussi en acier qui doivent percer les trous, se sont détrempés par la chaleur des lopins ; ces pièces importantes ont perdu leur forme première et ne peuvent plus produire leur effet. Cette fois il n'y avait plus de remède. L'inventeur essaya de mouiller les pièces en acier à chaque passe pour les empêcher de se détremper, mais ces tentatives n'étaient plus que les efforts désespérés de l'homme qui se noie. La question était jugée. La machine en grand avait révélé le vice de la combinaison que le petit modèle n'avait point indiqué.

Cet exemple nous paraît prouver d'une manière assez frappante qu'il faut bien se mettre en garde contre les résultats favorables obtenus par des modèles de ma-

chines en petit. Et nous ajoutons que les résultats néga-
tifs d'un pareil modèle ne prouveraient pas toujours
contre la machine exécutée en grand.

Ces essais sur des diminutifs ne prouvent donc rien ;
Ils sont tout au plus bons à faire comprendre à peu près
et en partie le mode d'action d'un appareil à ceux qui
ne savent pas lire un plan géométrique. Là se borne leur
utilité.

Il ne faudrait point en dire autant des expériences
préparatoires que l'inventeur fait souvent avant de construire une machine complète. Mais ces expériences
pleines de sous-entendus et d'abstractions, suffisantes
pour éclairer l'opinion des hommes compétents, ne
peuvent avoir le même effet sur le capitaliste étranger
aux sciences d'application. Il pourrait être facilement
induit en erreur par un inventeur trop enthousiaste ou
trop peu clairvoyant.

Abordons maintenant la question de la nouveauté de
l'invention, question la plus grave et la plus remplie de
périls sous la législation actuelle.

L'inventeur est toujours disposé à penser qu'il est le
premier révélateur de la combinaison qu'il a imaginée.
Mais l'expérience prouve qu'un grand nombre d'inventions sérieuses (nous n'avons à nous occuper que de celles-
là) sont successivement imaginées par plusieurs personnes, à des intervalles de temps plus ou moins rapprochés. Le fait est constant : Voici comment nous nous
expliquons ce phénomène psychologique.

Une invention est le résultat de la combinaison de

plusieurs idées ayant de l'affinité entre elles, et la tête de l'inventeur est un creuset, dans lequel la combinaison ne tarde pas à se former, lorsque ces éléments *assimilables* s'y trouvent en présence. Une circonstance fortuite, suffit pour que la réunion, par contact, devienne tout à coup combinaison, invention dont l'image se présente à sa vue intérieure.

Les éléments rares, c'est-à-dire les notions résultant d'études sérieuses sur des matières spéciales, produisent des combinaisons précieuses et exceptionnelles, tandis que les éléments plus communs, c'est-à-dire les idées qui n'exigent qu'un instruction générale, des connaissances superficielles, donnent des produits qui ont été formés, déjà, dans plusieurs creusets.

D'où nous concluons, que s'il y a, en effet, une catégorie d'inventions qui ne peuvent être faites que par un nombre excessivement restreint d'inventeurs, à cause des connaissances spéciales et du choix d'idées qu'elles exigent, il en est d'autres, en bien plus grand nombre, résultant de la combinaison d'idées ordinaires, de faits faciles à observer. Et celles-là se reproduisent souvent.

Il est donc important pour les inventeurs de pouvoir se renseigner sur le degré de nouveauté de leurs conceptions, afin de ne pas risquer de se heurter à des antériorités inattendues. La loi doit mettre à leur disposition tous les moyens d'investigation, et, malheureusement, c'est ce qui n'a pas lieu dans l'état actuel des choses.

Nous avons lu, dans un important ouvrage sur les brevets d'invention, publié récemment par un avocat très distingué du barreau de Paris, le passage suivant :

« La loi a entouré les brevets d'invention d'une telle
» publicité, elle a donné à tous les intéressés de si
» grandes facilités pour en prendre connaissance, qu'il
» n'est permis à personne de prétendre qu'il en ignore
» l'existence. »

Malgré notre respect pour l'auteur éminent qui a écrit
ces lignes, nous osons protester hautement contre cette
affirmation.

Nous disons et nous prétendons prouver que dans
l'état présent des choses, IL EST ABSOLUMENT IMPOSSIBLE à
l'inventeur de s'assurer que la combinaison qui a germé et
s'est développée dans son cerveau, n'a pas déjà été
brevetée au nom d'un autre. Nous disons QU'IL LUI EST
ABSOLUMENT IMPOSSIBLE d'acquérir la certitude que des
antériorités ne viendront pas infirmer en totalité ou en
partie un brevet pour lequel il aura engagé ses ressources ou celles des autres.

CETTE IMPOSSIBILITÉ ABSOLUE résulte des articles 24 et
31 de la loi 1844, qui régit la matière, lesquels sont ainsi
conçus :

ART. 24. — « *Après le paiement de la deuxième annuité,*
» les descriptions et dessins seront publiés, soit textuel-
» lement, *soit par extrait.* Il sera, en outre, publié au com-
» mencement de chaque année un catalogue contenant
» les titres des brevets délivrés dans le courant de l'année
» précédente. »

ART. 31. — « Ne sera pas réputée nouvelle (1), toute

____

(1) Et conséquemment ne sera pas brevetée valablement.

» découverte, invention ou application qui, en France ou
» à *l'étranger*, et antérieurement à la date du dépôt de la
» demande, aura reçu une publicité suffisante pour
» pouvoir être exécutée. »

Ainsi, comme conséquence de l'art. 31, un procédé absolument inconnu en France ne peut y être valablement breveté, s'il a été breveté à l'étranger ou seulement, même, s'il a été décrit d'une manière plus ou moins complète dans des recueils imprimés en langue étrangère, n'eussent-il jamais pénétré en France !

Devant cet article de la loi, l'inventeur est complétement désarmé. Comment pourrait-il s'enquérir de cette publicité étrangère ? Il faudrait, supposant l'impossible, qu'il eût recours à vingt interprètes compétents. Aussi, il passe outre, et il se place sans le savoir, souvent, sous le coup d'une déchéance ruineuse.

M. Perpigna, dans son *Manuel des inventeurs*, rapporte qu'un M. Raymond, ayant pris un brevet pour une nouvelle espèce de roues applicables aux bateaux à vapeur et placées à l'arrière, avait réussi à former une Société qui exploitait le brevet avec succès, quand une Compagnie rivale survint et fit tomber le brevet dans le domaine public en produisant des ouvrages anglais et américains, contenant la description du système Raymond.

Mais ce péril n'est pas le seul que courent les inventeurs. Trop heureux, s'ils n'avaient que cette cause de déchéance à redouter. Ce qu'ils ont à craindre encore, ce sont les antériorités résultant de brevets pris en France même, pour le même objet, à leur insu, depuis un temps plus ou moins long? Mais, dit-on, en vertu de l'art. 24 précité, il y a un recueil officiel qui doit mettre tout homme de bonne foi parfaitement à même de savoir si une idée qu'il croyait neuve n'a pas été déjà l'objet d'un brevet encore en vigueur ou déchu. Plût à Dieu qu'il en fût ainsi, et tel était sans doute le but des législateurs en créant ce recueil : Par malheur ce but a été complétement manqué : voici pourquoi :

L'administration, se conformant aux termes de la loi, ne publie pas les brevets, dont *la deuxième annuité n'a pas été payée.* D'où il résulte *que les deux tiers* de ceux qui sont accordés, sont éliminés du recueil. Le législateur a supposé que le breveté qui ne paie pas cette seconde annuité, reconnaît implicitement, par son abstention, l'inanité ou la non-nouveauté de sa conception et qu'en conséquence elle ne mérite pas de figurer au recueil. Cette supposition ne repose pas sur l'observation exacte et complète des faits, tels qu'ils se passent prosaïquement dans le monde des chercheurs. L'inventeur, plus riche en général d'espérances que d'espèces sonnantes, ne se prive pas, plusieurs mois à l'avance, des cent francs exigés pour chaque annuité. Il attend au dernier mois pour en opérer le versement, il attend à la dernière semaine, usant ainsi de son droit. Puis, arrivent le dernier jour, la dernière heure, sans qu'il ait pu se mettre en mesure, et, par pénurie temporaire, il laisse tomber dans le domaine public un brevet reposant sur une bonne idée, et qui déjà peut être a produit des résultats complétement satisfaisants. D'ailleurs, des circonstances fâcheuses ne peuvent-elles pas survenir, et créer tout à coup aux inventeurs des impossibilités ? Combien de brevets seraient tombés dans le domaine public en 1848, si le gouvernement provisoire, que l'on traite si lestement aujourd'hui que la France est tranquille et prospère sous un pouvoir fort et régulier (ô Athéniens!) si le gouvernement provisoire, disons-nous, ne fût venu au secours des inventeurs en rendant le décret suivant daté du 26 février : « Le paiement des annuités dues par les » inventeurs brevetés, pourra être retardé, sans encours » de déchéance, jusqu'à une époque qui sera ultérieure- » ment déterminée. »

Cette époque fut fixée par le Président de la République au 1er juillet 1849. Ce large délai ne suffit pas encore à tous les inventeurs. Il y en eut un certain nombre, qui, plus maltraités que d'autres par les événements, furent dans l'impossibilité matérielle de payer les deux annuités en retard à l'échéance du 1er juillet 1849. Ceux qui fréquentaient à cette époque le Ministère du commerce purent être témoins des angoisses, du désespoir de plus d'un inventeur, suppliant que l'on voulût bien accepter un à-compte sur les deux cents francs exigibles : Personne n'y pouvait rien, car la loi est formelle. Croit-on que les brevets qui tombèrent alors, faute du paiement de la deuxième annuité, étaient tous chimériques? Et ne doit-on pas craindre que le recueil officiel qui ne contient pas trace de ces brevets, ne prépare aux inventeurs à venir de cruelles déceptions!

Mais ce n'est pas tout. La loi autorise la publication des dessins et descriptions *par extraits*. On a usé largement de cette autorisation et avec un tel discernement, que certaines inventions utiles et sérieuses qui ont pris rang dans l'industrie, y sont défigurées au point qu'il est absolument impossible d'en saisir le principe brevetable, le caractère de nouveauté, tandis que d'autres inventions mort-nées sont décrites *in extenso* avec plans et légendes.

On a même poussé si loin cette faculté de reproduction des brevets *par extraits*, que bon nombre d'entre eux sont réduits à leur *simple titre*. « Ce sont ceux, dit-on, dont l'objet est une conception chimérique. » Or, le premier brevet de cette catégorie que nous avons étudié dans le but de vérifier cette assertion, celui qui nous est tombé le premier sous les yeux, est celui de mademoiselle Mercier, consigné dans le dixième volume. On y lit :

BREVET D'INVENTION DE QUINZE ANS,

En date du 24 février 1847,

À LA DEMOISELLE **Mercier**, À PARIS,

Pour les appareils de lessivage et de lavage du linge.

« Ces appareils sont décrits dans le brevet et dans les certificats d'addition, en date des :

> 30 mars 1847 ;
> 1er juin 1847 ;
> 10 novembre 1847 ;
> 28 mars 1849 ;
> 23 avril 1851. »

Et c'est tout !

Les appareils en question seraient-ils donc une « conception chimérique ? »

Nous sommes allé aux renseignements et nous avons vu fonctionner ces appareils ; nous avons appris qu'ils ont obtenu, en 1849, une médaille de bronze à l'Exposition Universelle, et une médaille d'argent au concours de Poissy ; puis, en 1850, la grande médaille de platine de la Société d'encouragement. Les prospectus annoncent que quatorze mille d'entre eux fonctionnent avec le plus entier succès, et que, par suite d'un décret du 10 décembre 1853, tout le linge de l'armée est blanchi par ce moyen !

Voilà, certes, une conception qui, toute chimérique qu'elle a pu paraître à son début, ne laisse pas que d'avoir une certaine importance, et qui méritait bien, ce nous semble, de figurer au recueil autrement que par son titre.

Nous ne doutons pas que quelques recherches ne fissent découvrir quantité d'autres brevets dédaignés aussi injustement, au grand détriment des inventeurs passés, présents et à venir. Nous nous bornerons à citer le brevet indiqué en ces termes à la page 206 du deuxième volume :

BREVET D'INVENTION DE CINQ ANS.

Du 20 mars 1803,

Pour l'invention d'un mobile perfectionné, appliqué aux voies de transport par terre et par mer,

AU SIEUR **Dallery**, DE PARIS.

Et rien de plus !

Or, ce sieur Dallery, mort en 1835, à l'âge de 85 ans, est tout simplement l'inventeur de *l'hélice à une seule spire*, *du mât rentrant*, *de l'appel de la fumée par un moteur*, et de la CHAUDIÈRE TUBULAIRE, sans laquelle les chemins de fer et la navigation à vapeur n'existeraient pas ! Ce brevet du 29 mars 1803, indiqué au recueil par son titre seulement, renferme la description très claire et très explicite. de ces quatre inventions, qui suffiraient à la gloire de plusieurs inventeurs ! (*Note II*).

Enfin, sans pousser plus loin cet examen, disons, pour terminer, que les descriptions des brevets pris en 1851, jugées dignes de figurer au recueil, n'étaient pas encore publiées en 1856. Cinq années de retard dans ces publications qui intéressent, ou du moins qui devraient être faites pour intéresser l'industrie tout entière !

De tout ceci, il résulte que l'homme prudent et de bonne foi qui veut se renseigner sur la nouveauté d'une invention, ne peut s'en rapporter à ce recueil si incomplet et si attardé sur le chemin du progrès.

Les chercheurs n'ont d'autre moyen que d'aller au Ministère de l'Agriculture et du Commerce, au dépôt des brevets, pour consulter les originaux. C'est là qu'ils doivent aller, et là seulement, car il n'existe, pour toute la France, qu'un seul dépôt pour ces titres. Les personnes intéressées à ces recherches, habitant la province, sont obligées de venir des points les plus éloignés, à Paris même, pour les faire, obligation coûteuse, vexatoire, dont le législateur avait voulu dispenser les industriels en créant le Recueil des brevets, mais qui leur est imposée par les termes mêmes de la loi.

Au moins, peut-on être assuré de trouver au Ministère du Commerce tous les renseignements nécessaires?

Nous ne craignons pas de répondre : NON ; car les recherches à faire sont interminables par suite des dispositions actuelles.

La salle affectée à ces investigations, suffisante autrefois, est depuis longtemps déjà évidemment trop exiguë. Les visiteurs se coudoient et se gênent les uns les autres. La table autour de laquelle ils s'asseyent, quand ils peuvent s'en approcher et qui devrait servir uniquement à développer les spécifications en lecture et les plans, souvent fort grands, cette table, disons-nous, est encombrée par les catalogues et imprimés, par les cartons, que le garçon de salle ne sait où placer quand ils sont retirés de leurs cases, et par les chapeaux des visiteurs qui n'ont pas d'autre place pour les déposer.

Un seul employé est chargé de donner communication des brevets ; il faut que chaque dossier soit trouvé et pris par lui dans des cartons fort lourds et quelquefois placés à 3 ou 4 mètres du sol. Ce service est au-dessus de ses forces ; aussi, malgré tout le zèle qu'il déploie, il ne peut suffire aux demandes. Le savant, l'ingénieur, le fabricant, l'artisan, l'inventeur peu aisé, tous gens qui, à des titres divers, doivent économiser le temps et devraient être servis promptement, sont obligés d'attendre quelquefois, nous dirions presque toujours, des heures entières, la communication d'un brevet, tandis qu'il faudrait qu'ils en consultassent dix, peut-être trente, quelquefois davantage, pour que leurs recherches fussent complètes et sérieuses. Quand nous aurons ajouté que cette salle n'est ouverte au public que de midi à quatre heures, été comme hiver, et qu'il arrive fréquemment que certains brevets ne peuvent être donnés en communication à première réquisition, soit parce qu'ils sont à la copie, soit parce qu'ils sont à l'impression, soit par toute autre cause, et que l'on est contraint de retourner plusieurs fois au Ministère du Commerce, à plusieurs jours d'intervalle, pour réussir à les consulter, on comprendra que les recherches y sont presque toujours interminables.

Une telle organisation est défectueuse, surannée, tout à fait au-dessous des nécessités actuelles, indigne des hommes et des choses qu'elle comporte, indigne de la métropole de la grande Nation, et nous ne doutons pas que le Gouvernement, dans sa sollicitude, ne remédie bientôt à un tel état de choses. Les inventeurs, obligés de se contenter d'un examen superficiel et sans aucune valeur, se lancent forcément dans la construction d'une machine qu'ils croient nouvelle, sans être bien certains qu'un contrefacteur ne pourra pas se prévaloir d'un brevet antérieur tombé dans le domaine public, ou qu'eux-mêmes ne seront pas exposés à être poursuivis comme contrefacteurs par un titulaire en règle, alors qu'ils auront déjà dépensé beaucoup de temps et d'argent à la réalisation d'une idée dont ils se croyaient les premiers auteurs.

Les exemples de déception de ce genre sont nombreux : M. Louis Figuier dans son ouvrage si remarquable, intitulé : *Histoire des principales découvertes scientifiques modernes*, cite un fait qui tire un grand intérêt de l'importance de l'Invention à laquelle il s'applique.

« Ayant ainsi atteint le but qu'il s'était proposé » dit-il

« M. de Ruolz n'avait plus que deux choses à faire:
» présenter au public et à l'Académie le résultat de ses
» travaux, chercher des capitaux pour exploiter son in-
» vention. Le 9 août 1841, il lut à l'Académie des sciences
» un mémoire dont le souvenir est resté, et dans lequel
» il exposait les détails de sa découverte. Comme il
» s'agissait d'une grande question scientifique et indus-
» trielle dont l'honneur devait rejaillir tout entier sur la
» France, M. Dumas se chargea de faire comprendre au
» monde savant la valeur et les conséquences du travail
» de M. de Ruolz. Le 29 novembre suivant, l'illustre
» chimiste lut à l'Académie des sciences un rapport étendu
» dans lequel il exposait les découvertes de M. de Ruolz.
» Le beau rapport de M. Dumas, qui fixait avec une pré-
» cision remarquable l'état de la question de la dorure
» au double point de vue scientifique et industriel, fut
» un événement dans la science, et donna aux travaux
» de M. de Ruolz un retentissement considérable.

» Sur la seconde question, M. de Ruolz rencontra
» plus de difficultés. On hésitait à avancer cent écus pour
» une affaire qui, quelques années après, donnait des
» bénéfices énormes. Heureusement, le fabricant qui au-
» trefois lui avait ouvert ses ateliers de teinture,
» M. Chappée, vint encore à son aide. Les capitaux
» furent trouvés, et l'exploitation industrielle allait com-
» mencer sur une échelle convenable, lorsqu'il survint
» un véritable coup de théâtre. Au moment où la fa-
» brique allait lancer dans le public ses premiers pro-
» duits, *il fut signifié à M. de Ruolz d'avoir à suspendre toute*
» *fabrication. On lui exhiba un brevet pris en France par un*
» *Anglais, M. Elkington, et ce brevet renfermait la description*

» *de procédés de dorure presque en tout semblables à ses propres*
» *procédés.* M. Elkington exploitait depuis quatre ans,
» à Birmingham, un nouveau procédé pour dorer le
» cuivre sans mercure, procédé que nous décrirons plus
» loin, et qui consiste simplement à plonger dans la dis-
» solution alcaline d'un sel d'or les pièces à dorer. Mais
» comme ce moyen de dorure s'appliquait uniquement
» aux objets de cuivre, M. Elkington avait dirigé ou fait
» diriger, sous ses yeux, de nouvelles recherches dans
» le but de parvenir à dorer tous les métaux par la pile.
» Il avait résolu ce problème avec le même succès que
» notre compatriote, et sans doute en même temps que
» lui, car le brevet de dorure galvanique, exhibé à M. de
» Ruolz par les représentants de M. Elkington, portait
» la date *du 27 septembre 1840* ; le premier brevet pris
» par M. de Ruolz était seulement *du 19 décembre de la*
» *même année.*

L'Exposition universelle de 1855 a révélé un fait du
même genre dans lequel on a vu non pas seulement *deux*,
mais *quatre* inventeurs en présence, *quatre* personnes ayant
inventé la même machine! Trois d'entre elles ont fait
breveter cette machine, l'ont construite, l'ont exposée,
chacune en leur nom. Nous voulons parler de la pompe
sans clapet ni piston, composée d'un tuyau en caoutchouc,
alternativement écrasé par un galet roulant et ramené à
sa forme primitive par la force rétractile. Cet intéressant
appareil figure maintenant dans la collection des machines nouvelles du Conservatoire des Arts et Métiers.

Nous fûmes bien étonné de trouver cette pompe qui
était une ancienne connaissance pour nous tout person-
nellement, exposée dans l'annexe du Palais de l'Industrie

sous le nom de M. Guibal, l'éminent industriel, mais notre étonnement redoubla quand nous la retrouvâmes quelques mètres plus loin sous le nom de M. Jobard, le savant directeur du musée de Bruxelles et le promoteur de la nouvelle loi belge sur les brevets d'invention, puis enfin plus loin encore, en troisième spécimen la même pompe exposée par M. Michel, ingénieur à Cette (Hérault).

Pour notre édification au point de vue de la question générale qui fait l'objet de cette brochure, nous allâmes au ministère du Commerce examiner les brevets de ces trois inventeurs, car nous ne doutions pas qu'ils eussent pris chacun un brevet séparément. Nous connaissions leurs noms. C'était déjà beaucoup pour la facilité des recherches : Autrement nous eussions été obligé d'entreprendre un travail qui ne laissait pas que d'être effrayant, car les catalogues contiennent vingt-sept brevets de pompe pour l'année 1854, vingt-neuf pour 1853, vingt-huit pour 1852, dix-sept pour 1851, en tout CENT UN brevets pour ces quatre dernières années et CENT VINGT-QUATRE pour les six années précédentes. Mais nous reportant à la table dressée dans chaque catalogue par noms d'auteurs, nous ne tardâmes pas à trouver que M. Michel fut breveté le 11 juillet 1854, M. Guibal, le 3 octobre même année, et M. Jobard, le 15 novembre suivant. D'après cette première recherche, M. Michel paraissait être le seul valablement breveté ; mais M. Guibal annonce dans sa spécification de 1854 qu'il a déjà pris un brevet pour le même objet le 8 novembre 1851. Vérification faite de ce titre, c'est décidément M. Guibal qui parait être le premier en date et par conséquent le seul véritablement breveté.

Voilà donc trois inventeurs de mérite dont un savant, renommé, un riche industriel et un ingénieur honorable, travaillant chacun de leur côté, à une même idée, se faisant breveter pour la même invention et dont deux d'entr'eux, au moins, ont perdu un temps précieux à des recherches, des travaux dont ils ne pourront recueillir le fruit! Peut-il y avoir une preuve plus convaincante de l'insuffisance des moyens de recherches mis à la disposition des inventeurs! Si les brevets de 1851 eussent été publiés en 1854, on aurait évité à deux inventeurs sérieux des peines et des dépenses, en pure perte pour eux aujourd'hui. Ayant à leur disposition des recueils complets et publiés à temps, ils auraient facilement constaté la priorité de M. Guibal et ils se seraient abstenus, tandis que dans l'état actuel des choses, il est probable que MM. Jobard et Michel ne seront pas venus, l'un de Bruxelles, l'autre de Cette, pour tenter de faire la vérification à peu près impossible des DEUX CENT VINGT-CINQ brevets en question.

Mais ce n'est pas tout. Nous croyions avoir épuisé la liste des inventeurs de cette pompe, lorsque nous trouvâmes dans le journal *le Génie industriel*, publié par MM. Armengaud frères, (numéro de février 1857), la description de la même machine qu'ils annoncent avoir été brevetée le 17 avril 1855 au nom de MM. Denison Mecnamara et Bradley de New-Yorck. Le dessin qui accompagne la description de cette pompe, ne laisse aucun doute sur son identité parfaite avec celle de MM. Jobard, Michel et Guibal, dont MM. Armengaud ne signalent pas la priorité.

Un fait plus récent encore donne lieu aux mêmes réflexions.

On lit dans le *Journal des Débats* du 20 décembre 1856 :
« On va exécuter un chemin de fer entre Lyon et la
» Croix-Rousse. Aucun franchissement de plan incliné
» n'aura eu lieu encore dans des conditions plus inté-
» ressantes sous le rapport de l'art. La pente franchie
» ne sera pas moindre de 21 centimètres par mètre, et
» cependant la sécurité paraît devoir être absolue, tant
» le système dont M. Bourget, ingénieur civil, est l'au-
» teur, est ingénieux ; c'est un frein excentrique placé sous
» le wagon et qui saisit un troisième rail destiné à su-
» bir son action. La pince s'ouvre par l'effet de la trac-
» tion et ressaisit le rail avec une force d'adhésion toujours
» croissante dès que la traction se suspend et que le
» poids réagit. Le mouvement d'arrêt est tellement im-
» médiat et si doux, que pendant des expériences multi-
» pliées, une bouteille posée sur l'avant d'un wagon
» chargé de 6 à 7,000 kilog. n'était pas même renversée
» lorsqu'à mi-chemin d'une pente de 21 centimètres,
» et en pleine vitesse un coup de hache rompait le câble.
» Le Conseil supérieur des ponts et chaussées a été una-
» nime pour autoriser l'application générale de ce sys-
» tème breveté (s. g. d. g.) et qui peut rendre de si
» grands services là ou les niveaux deviennent impossi-
» bles ou très coûteux à établir. La Compagnie proprié-
» taire du brevet, en choisissant pour sa première appli-
» cation le reliement de la Croix-Rousse à Lyon, a fait
» un double et heureux calcul. Nulle localité n'était mieux
» exposée à tous les regards, et il en est peu qui puissent
» offrir de plus grands avantages. Le mouvement de
» circulation, constaté avec le plus grand soin, entre
» ces deux centres de population qui ont tant d'intérêts

» communs, n'est pas moindre de 30,000 passagers par
» jour. »

Voilà certes une belle invention, dont l'auteur cité,
M. Bourget va pouvoir profiter : or, voici qu'une lettre
insérée dans le même *Journal des Débats* du 31 décembre,
modifie singulièrement les choses : nous transcrivons
cette lettre.

« Au Rédacteur,

« Monsieur, la pensée d'enrayer un convoi de chemin
» de fer sur une pente rapide à l'aide d'une pince de fer
» saisissant un troisième rail destiné à subir son action,
» (s'ouvrant par l'effet de la traction, résaisissant le rail
» avec une force d'adhésion toujours croissante dès que
» la traction se suspend et que le poids réagit,) ainsi
» que vous le décriviez dans l'article de votre numéro
» du 20 de ce mois, comme une invention toute nouvelle
» devant être prochainement réalisée à Lyon, est textuel-
» lement la conception mécanique imaginée par moi et
» proposée à l'approbation de mes confrères de l'Institut
» dans l'une des séances qui ont suivi l'affreux accident
» du 8 mai sur le chemin de fer de Versailles, rive gau-
» che. J'en ai décrit le dispositif mécanique dans un
» brevet pris à cette époque déjà éloignée de nous ;
» après lui avoir ainsi donné date certaine, j'ai laissé
» tomber dans le domaine public cette invention à la-
» quelle j'attribue une portée humanitaire, puisqu'elle
» est de nature à apporter une sûreté nouvelle dans la
» circulation des voies ferrées. Je ne conteste donc à
» personne le droit d'en faire usage, je me félicite au

» contraire de voir cette idée utile pratiquement réalisée ;
» cependant, vous me permettrez, puisque telle est la
» vérité, de revendiquer, alors que vous l'attribuez à un
» autre, une priorité qui m'appartient incontestablement.
» J'ai l'honneur, etc.

» *Signé :* Baron SÉGUIER,
» de l'Institut. »

Vérification faite du brevet de M. le baron Séguier,
en date du 5 décembre 1846, et de celui de M. Bourget,
daté du 20 mai 1853, ce savant académicien nous paraît
avoir une priorité incontestable de sept années sur l'ingénieur de Lyon.

Maintenant faut-il ajouter qu'un autre brevet *prime de
quatre mois environ*, celui de M. le baron Séguier, c'est celui
de M. Galloway, de Londres, en date du 27 juillet 1846,
decrit dans le huitième volume du Recueil des brevets,
publié en 1851 seulement. Nous lisons à la page 260 de
ce volume :

BREVET D'INVENTION DE QUINZE ANS,

En date du 27 juillet 1846 (Patente anglaise du 23 avril 1846),

AU SIEUR **Galloway**, DE LONDRES,

Pour des perfectionnements dans les chemins de fer.

« L'inventeur applique un troisième rail entre les deux
« rails ordinaires, et il fait tourner en contact avec ce
« rail deux roues horizontales...
Et plus loin :

« ..... Voici le mécanisme au moyen duquel on peut
» augmenter ou diminuer l'*adhésion* des roues de traction.

» En poussant la poignée du levier en avant ou en ar-
» rière, les roues de traction s'éloignent ou se rappro-
» chent..... »

Lecture faite de ce brevet sur le titre autenthique, on ne peut contester selon nous, que les deux brevets s'appliquent exactement à la même invention.

Nous pourrions assurément multiplier ces citations, mais les loisirs nous manquent pour faire les recherches nécessaires.

Nous passons immédiatement à l'examen de la validité du brevet ; indépendamment de la nouveauté de l'invention à laquelle il s'applique.

Il ne suffit pas qu'un procédé soit nouveau pour que le brevet appelé à le protéger soit valable. Il faut encore qu'il soit appuyé d'une description claire, précise, explicite, faite dans toutes les conditions qui donnent au breveté une garantie réelle contre l'imitation frauduleuse. Si nous ne nous trompons pas, voici à peu près quelles doivent être ces conditions :

Une demande de brevet doit être accompagnée d'un dessin correct, exact, fait à l'échelle, de la machine ou de l'objet à breveter. Ce dessin doit être accompagné d'une légende explicative. En outre, la demande doit contenir l'explication du jeu de l'appareil et de ses principaux organes, et elle doit se terminer par un résumé, où l'inventeur énumère, par 1°, 2°, 3°, 4°... les dispositions essentielles qu'il revendique.

De plus, l'inventeur doit rechercher les moyens analogues à ceux qu'il a imaginés et qui permettraient d'arriver au même résultat ou même à un résultat inférieur, et décrire avec soin, soit dans le brevet principal, soit dans des certificats successifs, ces divers moyens à mesure qu'ils se présentent à son esprit. Il a une année de privilége, pour indiquer ces modifications, ces perfectionnements, ces additions, il ne doit pas négliger de mettre à profit la disposition tutélaire de la loi française à cet égard. Il ne doit pas dédaigner de revendiquer des moyens, des procédés analogues, qui lui paraissent inférieurs à celui qu'il a fait breveter d'abord, car ce seraient ces appareils inférieurs que le contrefacteur réussirait, par son habileté mercantile et par tous les moyens employés par la concurrence déloyale, à faire adopter comme meilleurs en leur supposant des qualités imaginaires.

Contre un brevet pris dans les conditions que nous venons d'indiquer le contrefacteur a peu de prise. Il trouve l'inventeur barricadé de certificats d'addition qui lui enlèvent tout moyen de pénétrer dans la place. Les changements de forme qu'il pourrait imaginer étant décrits d'avance par l'inventeur, il ne peut s'en emparer. Si, dans une action intentée contre lui, le contrefacteur réussit à faire tomber dans le domaine public quelques-unes des dispositions essentielles que l'inventeur a revendiquées séparément, une à une, par 1°, 2°, 3°, 4°..., ce dernier conserve au moins une partie de ces dispositions énumérées dans le brevet qui lui assurent un privilége suffisant et sans lesquelles dispositions le contrefacteur est dans l'impuissance de lui nuire.

Ce n'est point ainsi que les demandes sont faites ordinairement : L'ignorance générale des inventeurs sur ce point important éclate à la lecture des spécifications des brevets. Les uns se contentent de joindre à leur demande un croquis plus ou moins mal fait, de leur appareil, sans indiquer spécialement le ou les caractères de nouveauté de leur invention et les parties essentielles de la machine ou du procédé qu'ils entendent faire breveter. D'autres croient pouvoir confisquer à leur profit toute une industrie, en faisant breveter un principe général. Ceux-ci déclarent qu'ils s'occupent depuis longues années de la solution du problème pour lequel ils prennent enfin un brevet. Ils assurent qu'ils ont déjà fait fonctionner des appareils, sans songer qu'ils donnent des armes contre eux aux contrefacteurs à venir. Ceux-là se complaisent dans l'explication minutieuse de tous les avantages qu'ils tirent ou qu'ils comptent tirer de leurs combinaisons, comme si une spécification de brevet était un prospectus, comme s'ils avaient à convertir les récalcitrants à leur système.

De cette insuffisance des spécifications, il résulte chaque jour, pour les inventeurs, des échecs regrettables. Les tribunaux, en présence de descriptions incomplètes et confuses, ne démêlant point les parties vraiment nouvelles du procédé, enveloppent dans une même déchéance le procédé tout entier. L'inventeur crie à l'injustice, il croit aux influences occultes, tandis qu'il ne devrait s'en prendre qu'à lui-même de son malheur. Les juges ne peuvent lui accorder, lui conserver que ce qu'il a clairement revendiqué dans son brevet.

CHAPITRE II.

Après ce rapide exposé des déceptions et des dangers qui attendent les inventeurs, doit-on s'étonner de la difficulté qu'ils éprouvent à trouver des capitaux? Non, sans doute. Et ce qui doit étonner, c'est qu'ils en trouvent encore quelquefois.

Ces dangers, comme on l'a vu, proviennent de deux causes principales, qui sont : l'insuffisance des inventeurs qui, presque toujours, sont au-dessous de leur tâche, et l'imperfection de la loi sur les brevets d'invention.

A cette dernière cause du mal, reconnue depuis longtemps, le remède est indiqué. La loi de 1844 doit être profondément modifiée : cette vérité est admise par tous ceux qui se sont occupés de brevets.

Dès la fin de 1849 le gouvernement avait soumis, dans ce but, l'examen de plusieurs questions, par lui posées sur ce sujet, au conseil général de l'agriculture, des manufactures et du commerce. Une commission spéciale se livra à l'étude de ces questions. Le 26 décembre 1854, une circulaire ministérielle fut adressée aux chambres consultatives du commerce, sur les modifications à apporter à la loi du 5 juillet 1844. La Société d'Encouragement, qui renferme dans son sein un grand nombre d'illustrations scientifiques et industrielles, fut également invitée par le gouvernement à donner son avis, qu'elle ne tarda pas à faire connaître. La Société des Inventeurs, si compétente en pareille matière, donna aussi son opinion. Nous avons cru devoir reproduire dans la *Note III*, les demandes au nombre de dix posées dans la circulaire du 26 décembre 1854, attestant toute l'importance que le gouvernement attache, à bon droit, à l'élaboration de la loi nouvelle, si impatiemment attendue, et les réponses qui furent faites par la société d'encouragement et par la société des inventeurs. Nos lecteurs auront ainsi une idée générale de l'état de la question. Ils verront que s'il y a uniformité de vues, sur certains points importants, qui peuvent être considérés dès à présent comme acquis aux inventeurs, il en est d'autres, non moins importants, sur lesquels les opinions sont très différentes, les avis très partagés (*Note III*).

Sur la septième question, par exemple, la société d'encouragement est d'avis: « que des publications faites » depuis moins de trente années *et que tout le monde* » *a pu consulter*, dit-elle » sont bien suffisantes pour que « l'on ne puisse faire breveter valablement l'objet » déjà décrit. »

L'illustre société ne distingue pas si l'objet est décrit dans un ouvrage français ou étranger : que cet ouvrage soit anglais, russe ou chinois, peu importe, *tout le monde a pu le consulter*, n'eût-il jamais pénétré en France, et l'objet n'est pas brevetable !

La société des inventeurs est d'une opinion diamétralement opposée; elle voudrait que toutes découvertes ou inventions, qui n'ont jamais été exploitées commercialement ou industriellement en France, ou qui ont cessé de l'être depuis plus de dix ans, fussent réputées nouvelles, et par conséquent valablement brevetables.

Ainsi une machine, en usage depuis plusieurs années, à nos portes, en Belgique par exemple, serait valablement brevetable en France, si elle n'y a pas été déja exploitée, ou si elle ne l'est plus depuis plus de dix ans.

En face de ces opinions si différentes, de la part des hommes les plus compétents, nous sera-t-il permis d'émettre quelques réflexions à titre d'intéressé dans cette question, comme inventeur et producteur, si modeste que soit notre position ?

Il ne nous paraît pas juste de faire dépendre le sort d'un breveté français, des publications faites dans un pays étranger et dans une langue étrangère. Peut-on dire *que tout le monde en France a pu consulter ces documents* et que le breveté confisque injustement à son profit une idée connue déjà par ses compatriotes ? Nous ne le pensons pas, et ce breveté doit être, à notre avis, considéré comme ayant un titre en règle, nonobstant ce qui a pu être publié à l'étranger, tant que ces publications ne sont pas le résultat ou l'accompagnement d'une exploitation commerciale bien caractérisée.

Mais dans ce dernier cas, il nous semble que l'objet

ne peut plus être breveté en France (si ce n'est par l'inventeur d'origine). Reconnaître la brevetabilité en France, d'un objet déjà exploité à l'étranger, ce serait obliger le consommateur à payer plus cher que de raison, car l'objet breveté est toujours d'un prix relativement élevé. Payer cher à l'inventeur d'origine, qui toujours a fait de grands sacrifices pour réaliser sa découverte, et souvent a contracté de lourdes obligations pour doter la société d'un produit nouveau, payer cher dans une certaine mesure à celui-là, c'est justice. Mais payer cher à l'importateur, qui n'a eu d'autres peines que de copier fidèlement la machine existante à l'étranger et n'a rien risqué, c'est injuste, et de plus, c'est mettre souvent l'industrie nationale dans une condition défavorable vis-à-vis de l'industrie étrangère.

Il arrive quelquefois sans doute, que l'objet breveté, n'est pas vendu plus cher que s'il n'était pas breveté et que l'inventeur bien inspiré modère ses prix pour vendre beaucoup. Mais ceci n'arrive que pour certains objets de grande consommation, dits de fabrique, et n'a jamais lieu pour des appareils, des machines s'adressant à des industries spéciales et à l'égard desquelles on peut presque calculer d'avance la quantité qui sera vendue. Dans ce cas, l'inventeur vend cher, et le manufacturier qui n'est pas maître d'adopter ou de ne pas adopter un appareil perfectionné, se résigne à le payer le prix exigé (quand il ne le contrefait pas) afin de ne pas se laisser devancer par ses concurrents.

Il n'est plus à craindre aujourd'hui, que des machines nouvelles, des procédés nouveaux, fonctionnant avec succès à l'étranger ne puissent être naturalisés en France autrement que sous la garantie d'un brevet. Nous possédons d'habiles ingénieurs, des constructeurs expérimentés, lesquels peu jaloux du périlleux honneur attaché à la qualification d'inventeur breveté, se contentent de reproduire les machines étrangères qui leur paraissent les meilleures et dont le besoin se fait sentir en France. L'industrie peut s'en rapporter à leur sagacité et à leur expérience.

Mais, dira-t-on, à côté de l'importateur reproduisant sciemment la machine d'origine étrangère, il y a l'homme qui a inventé, a fait breveter, et a réalisé à ses risques et périls un appareil existant déjà à l'étranger, à son insu. Faudra-t-il donc le dépouiller de l'industrie qu'il aura créée chez nous, parce qu'il n'a pas su qu'elle existait déjà chez une autre nation? Nous répondons à ceci, que, tant que l'UNIFORMITÉ DE LÉGISLATION n'existera pas en matière de brevets, chez toutes les nations civilisées, au moins dans les parties essentielles, il faudra s'attendre à quelques déceptions de ce genre. Nous ajoutons que déjà, on peut être facilement renseigné à Paris, de toutes les patentes demandées et délivrées en Angleterre, puisqu'elles sont inscrites chaque semaine dans la *Gazette de Londres*, et que l'on peut se procurer pour quelques *pences*, la description imprimée et les plans de chaque patente. Si cette disposition de la nouvelle loi anglaise était adoptée par les autres nations, ces surprises ne seraient plus à craindre.

Nous pensons donc qu'un objet ne peut plus être breveté, s'il est déjà exploité en France ou à l'étranger, et qu'un objet qui a été seulement indiqué dans des publications étrangères ou françaises, sans avoir été jamais exploité, ou qui ne l'est plus depuis plus de dix ans, doit pouvoir faire l'objet d'un brevet; car, comme le fait judicieusement remarquer la Société des inventeurs, « les « bibliothèques regorgent de projets qui, s'ils pouvaient » être brevetés, seraient bientôt exploités et donneraient » de l'ouvrage à des millions de bras, » tandis que, ne pouvant faire l'objet d'un privilége temporaire, personne ne se soucie de les tirer de l'oubli. Il y a si loin du projet à la réalisation, de l'idée à la chose, de la théorie à l'application! On n'exhume ces projets de la poussière où ils sont enfouis, que pour dépouiller de temps en temps un inventeur : Là se borne leur utilité.

Le gouvernement demande aussi (quatrième question) s'il ne conviendrait pas que la communication au public, des échantillons et dessins, prescrite par l'article 23, ne fût faite que six mois après la délivrance du brevet. La Société des inventeurs adopte ce délai de six mois, la Société d'encouragement demande qu'il soit porté à un an.

Il ne nous semble pas utile de prolonger le délai pendant lequel le brevet d'un inventeur ne peut être communiqué au public. Prolonger ce délai, qui est actuellement de deux mois environ (intervalle qui sépare le jour du dépôt de la demande faite par l'inventeur, de celui auquel les titres lui sont remis), serait, ce nous semble, plus nuisible qu'utile aux inventeurs, car si l'on rencontre aux archives du ministère du commerce, quelques pillards d'industrie venant étudier les brevets nouveaux, pour en dépouiller les titulaires, on y rencontre aussi en bien plus grand nombre, Dieu merci!

des inventeurs prudents et de bonne foi, qui viennent s'informer, tant bien que mal, si ce qui les occupe n'a pas déjà fait l'objet d'un brevet, afin de s'abstenir dans ce cas. Si l'on adoptait l'opinion de la Société d'encouragement, ces inventeurs seraient donc, non plus seulement deux ou trois mois dans l'incertitude sur la nouveauté de leur invention, mais toute une année, puisque celle qu'ils voudraient faire breveter, pourrait l'avoir été par d'autres, quelques semaines, ou quelques jours, ou quelques heures même, avant eux, sans qu'ils aient aucun moyen de le savoir. Et comme conséquence de cet état de choses, ils devraient attendre une année avant que les capitaux osassent aller à eux. (*Note IV*).

Observons aussi que dans l'hypothèse du non-examen préalable (la seule qui soit en cause) l'administration pour empêcher toute divulgation, ne brisant le cachet de la demande qu'au moment de la livrer à l'examen du public, le breveté n'aurait sa spécification authentique qu'une année après son dépôt. C'est ce titre cependant, qui doit être l'un des plus importants éléments d'examen à soumettre aux capitalistes qu'il cherche. En outre ce titre authentique lui est nécessaire, indispensable, pour attaquer un contrefacteur. Croit-on, lorsqu'une idée est bonne et qu'elle n'exige pas de longs travaux pour être mise à exécution, ce qui est le cas de beaucoup d'inventions de second ordre qui n'en sont pas moins cependant d'une exploitation avantageuse, croit-on, disons-nous, que les contrefacteurs attendent une année pour se déclarer? Non, certes; quelques mois, quelques semaines, leur suffisent. Il faudra donc que l'inventeur les regarde attenter à son droit, sans pouvoir les en empêcher, puisqu'il n'aura pas en mains son titre authentique, sans lequel il ne pourrait commencer les poursuites contre eux ? Que si l'on répond que le titre serait remis au breveté qui en ferait la demande pour exercer des poursuites, nous objecterons que la mesure ne serait qu'à moitié équitable, c'est-à-dire qu'elle ne le serait pas du tout, car, le second breveté a besoin aussi, dans l'intérêt de sa défense, de connaître le titre en vertu duquel il est poursuivi. Il arrive beaucoup plus souvent qu'on le croit, et nous en avons expliqué la raison psychologique, que deux hommes, absolument étrangers l'un à l'autre, et de bonne foi tous deux, prennent chacun de leur côté un brevet pour le même objet, ou pour un objet presque semblable; nous en avons cité quelques exemples. Il est de toute équité que ces deux brevetés puissent consulter à leur aise et à leur temps, le titre de leur adversaire, afin de savoir qui a tort et qui a raison. Si cette facilité de vérification ne leur est pas donnée, large et complète, le premier breveté risque d'attaquer sans droit et de se voir condamné à des dommages-intérêts : le second breveté risque de se voir injustement entravé dans son exploitation, sans avoir en mains les moyens de se défendre et de s'éclairer. Les inventions ne sont pas toutes tellement tranchées, tellement neuves dans tous leurs détails, qu'il soit facile d'en reconnaître les parties brevetables et celles qui ne le sont pas, si l'on n'a pas sous les yeux le texte même de la spécification et les plans à l'appui. Par ces motifs, le secret d'une année serait, à notre avis, une entrave aux brevetés, demandeurs ou défendeurs.

Il nous semble qu'en conservant le dernier paragraphe

de l'article 18 de la loi (1), c'est-à-dire la préférence accordée au breveté pendant la première année sur tout autre, pour apporter les corrections, et faire les additions à son brevet, et de plus, qu'en créant des tribunaux consulaires industriels, le gouvernement doit donner aux brevets une publicité presque immédiate, large et complète.

Nous insistons sur la disposition relative à la préférence accordée à l'inventeur sur tout autre, pendant la première année, pour les additions à apporter à son brevet. Cette disposition qui ne se retrouve pas dans les législations des autres pays, est précieuse pour les inventeurs, et surtout elle est équitable; elle est puisée dans une juste observation de l'esprit humain. L'inventeur, si habile qu'il soit, ne peut prévoir toutes les formes que son idée première peut revêtir, et si vous ne lui laissez pas la faculté de la compléter pendant la première année de sa demande, de préférence à tout autre, c'est alors qu'il verra surgir des entraves de toutes sortes, car la divulgation n'a pas lieu seulement par la lecture des spéci-

(1) Cet article est ainsi conçu : Nul autre que le breveté ou ses ayant-droit agissant comme il est dit ci-dessus, ne pourra pendant une année prendre valablement un brevet pour un changement, perfectionnement ou addition à l'invention qui fait l'objet du brevet primitif. Néanmoins, toute personne qui voudra prendre un brevet pour changement, addition ou perfectionnement à une découverte déjà brevetée, pourra, dans le cours de ladite année, former une demande qui sera transmise et restera déposée sous cachet au ministère de l'agriculture et du commerce. — L'année expirée, le cachet sera brisé et le brevet sera délivré. — Toutefois le breveté principal aura la préférence pour les changements, perfectionnements ou additions, pour lesquels il aurait lui-même, pendant l'année, demandé un certificat d'addition ou un brevet.

fications, elle a lieu surtout à l'atelier, où la machine se construit, où chaque ouvrier, chaque visiteur peut suivre l'idée de l'inventeur à mesure que les travaux avancent et la deviner bien avant que la machine soit terminée. C'est sur le lieu de la construction que sont les dangers de la divulgation, bien plus encore qu'au dépôt des brevets.

Eh bien! si l'inventeur n'est pas garanti par cette préférence d'une année, chacun viendra greffer des perfectionnements sur son idée première et l'entraver dans la jouissance de son droit. Ces perfectionnements, il les pressent, il les voit, il les étudie; laissez-lui au moins le temps de se reconnaître; il poursuit la réalisation de son œuvre, ne l'obligez pas sous peine d'une quasi-déchéance, à prendre jour par jour des certificats d'addition. N'a-t-il pas à confier l'examen de son invention aux capitalistes qu'il sollicite, au mécanicien qui doit la mettre à exécution, à ses employés et à ses ouvriers; si tous ces confidents forcés, peuvent prendre des certificats d'addition en leur nom, ou sous le nom d'un tiers, pour amener plus tard l'inventeur à composition, le privilége, entre ses mains, devient lettre morte. Tous ces preneurs de brevets à la suite, ne seront pas des contrefacteurs, et pourtant leur action sera tout aussi fâcheuse pour l'inventeur. Elle sera fâcheuse aussi, non pas seulement pour la morale, mais encore pour le progrès général, car combien de brevetés qui, ne voulant pas se soumettre aux injustes prétentions de ces preneurs subreptices de certificats de perfectionnements, conserveraient leur appareil moins parfait, pour n'avoir point à payer de subvention à des parasites intelligents, qui n'auraient point songé à leurs perfectionnements, s'ils n'avaient été mis sur la voie par l'inventeur et qui n'en pourraient rien faire sans le consentement de celui-ci.

L'article 18 nous paraît donc parfaitement juste et équitable dans toute sa teneur, et les partisans du secret de la demande pendant six mois, qui voudraient que cet article fût supprimé, ne nous sembleraient pas conséquents avec eux-mêmes.

On a dit que cette faveur d'une année accordée à l'inventeur est exorbitante, qu'elle entrave le progrès, le perfectionnement des industries, etc., etc... Mais, de deux choses l'une. Ou le brevet porte sur un objet secondaire, inutile, illusoire; ou bien, il s'applique à une invention importante.

Dans la première hypothèse, on conviendra que le progrès de l'industrie est peu entravé par cette faveur temporaire accordée au breveté.

Dans la deuxième hypothèse, qu'est-ce donc qu'une année pour étudier et réaliser une invention de quelque importance! En conscience, la société peut bien accorder ce répit à l'inventeur, et certes elle sera moins lésée par cette concession équitable que par la mesure contraire, qui, abandonnant l'inventeur sérieux aux entreprises des inventeurs-amateurs, frapperait de stérilité les projets les plus féconds.

Avec la protection d'une année, la publicité presque immédiate des demandes est possible et salutaire, la voie est droite et sûre. Sans cette protection, au contraire, on est obligé de recourir à des demi-mesures, à des res-

trictions, qui ont pour effet d'empêcher l'homme de
bonne foi d'étudier la réalité et l'étendue de son droit,
tout en laissant à un grand nombre d'individus, la possibilité de connaître les projets de l'inventeur, et d'en
abuser sous la protection de la loi.

On fait valoir en faveur du secret des six mois, son
utilité pour les inventeurs, qui veulent se faire breveter
à l'étranger. Mais ces brevets étrangers sont un leurre,
une déception, dans l'état actuel des choses. Les inventeurs qui prennent ces brevets, se plongent dans l'inconnu,
dans les ténèbres les plus épaisses ; tout est encore à faire
pour les protéger efficacement en pays étranger et ce
délai de six mois n'aurait point les vertus qu'on lui sup-
pose. L'Autriche seule, à son honneur, nous a indiqué la
voie à suivre en décrétant que *le brevet ne peut être accordé
qu'au titulaire du brevet étranger ou à ses ayant-droit* (1).

Que le gouvernement français efface de la loi la déchéance pour cause de publicité faite à l'étranger et qu'il
obtienne des autres nations, pour ses inventeurs, par des
traités réciproques, ce que l'Autriche leur a offert spontanément, et cette question aura fait un pas immense.

Ce sujet ne nous paraît pas indigne des méditations
du Monarque Inventeur.

Nous nous permettrons encore quelques observations
sur la réponse faite par la société d'encouragement à la
question sixième. Il y est dit : *Comme cette publication peut*

(1) L'importation dans les États autrichiens d'une invention, n'est brevetable que dans le cas où elle est encore privilégiée à l'Étranger. Le brevet
ne peut être accordé qu'au titulaire du brevet étranger ou à ses ayant-
droit.　　　　　　　　　　(Art. 3 de la loi du 15 août 1852.)

avoir lieu par extraits, il n'y a pas là une charge bien lourde pour l'administration. L'illustre société admet donc la publication *des brevets par extraits* : Mais nous avons vu quelles lacunes fâcheuses, déplorables, résultent, pour les recueils actuels, de cette faculté laissée à l'administration. Nous avons vu les inventions de Dallery, la chaudière tubulaire entre autres, indiquées dédaigneusement par le titre seul du brevet ; cet exemple unique suffirait pour condamner un pareil système. La question de la dépense qui résulterait de la publication complète de tous les brevets nous semble tout à fait secondaire, en présence des dangers à éviter et des résultats à obtenir.

D'ailleurs nous pensons avec M. Perpigna, que cette dépense ne serait pas de beaucoup augmentée, en confiant ce travail à l'industrie privée.

Bref, tous les brevets devraient être publiés en entier, presque immédiatement, par brochures séparées, vendues à prix très réduit , ainsi que le demande la société des inventeurs. Nous ajoutons, que les brevetés devraient être tenus de fournir leurs plans sur des feuilles de dimensions déterminées, afin d'en faciliter la publication. Telles sont les conditions d'une publicité équitable et favorable au progrès, qui ont été adoptées dans la nouvelle loi anglaise et que nous voudrions voir adopter en France.

Nous quittons cette étude qui, pour être complète, dépasserait de beaucoup les bornes que nous nous sommes imposées et qui touche d'ailleurs à des questions sur lesquelles nous sommes absolument incompétent. Nous nous nous hâtons d'arriver, pour terminer, à l'exposition du projet qui fait l'objet de cet opuscule.

CHAPITRE III.

—

Les déceptions qui frappent les brevetés, avons-nous dit, proviennent de deux causes principales, qui sont : premièrement, l'insuffisance des inventeurs, qui presque toujours sont au-dessous de leur tâche; secondement, l'imperfection de la loi sur les brevets d'invention. Cette dernière cause rapidement examinée, il nous reste à dire ce qu'il y aurait à faire, selon nous, pour éviter les inconvénients résultant pour les inventeurs de leur insuffisance en matière de brevets.

Mais pourquoi, nous dira-t-on, cette sollicitude en faveur de l'homme trop peu instruit, trop peu éclairé, pour faire sa place dans l'industrie et pour la conserver? Vous réclamez pour le breveté une nouvelle loi plus protectrice, des moyens d'investigation qui soient plus à sa portée, des tribunaux spéciaux qui nécessairement lui seraient sympathiques. Que réclamez-vous encore? Si l'inventeur n'a pas les connaissances qu'il faut avoir pour réussir dans cette voie, s'il n'a que l'imagination sans l'érudition, tant pis pour lui. A chacun selon ses œuvres. Qu'il apprenne à dessiner, qu'il étudie la loi des brevets, qu'il lise les traités de sa profession, et ceux ayant du rapport avec l'invention qu'il projette, et quand il se sentira assez fort pour lutter, il se fera breveter.

Voyons s'il n'y a point à opposer à ces objections quelques considérations qui en atténuent beaucoup la portée :

Les idées les plus heureuses n'ont-elles pas souvent jailli du cerveau de l'artisan illettré, de même que les plantes les plus riches poussent sur une terre sans culture ? Faudra-t-il donc laisser se flétrir sans profits pour personne, ces fruits brillants de l'imagination, sous prétexte que le terrain qui les a produits n'est pas correctement cultivé ? Que l'on remarque bien que ce ne sont pas seulement les inventeurs qui sont intéressés dans la question, c'est la société tout entière, c'est l'humanité. Les échecs qu'ils éprouvent ne sont pas seulement des malheurs privés, ce sont, avant tout, des malheurs publics, car ces échecs retardent le progrès, qui est la loi de l'humanité.

Combien d'inventions ont été longtemps réputées irréalisables, par suite de l'insuccès d'un novateur hors d'état de la conduire à bonne fin !

Cher lecteur, cette brochure que vous prenez la peine de parcourir est le résultat, vous le savez, d'une foule d'inventions dont nous ne nous hasarderons pas à indiquer le nombre. Ce fauteuil, dans lequel vous êtes moelleusement assis sur des fils de fer : Invention ! Cette lampe ou cette bougie qui vous éclaire : Invention! Ce feu pétillant qui vous réjouit et dont la chaleur se répand dans toute la pièce : Invention! Votre épais tapis, la robe de chambre, dans laquelle vous vous enveloppez, ce cigare que vous fumez voluptueusement, tout ce confortable qui vous entoure : Inventions! De quelque côté que l'on se tourne, quelque chose que l'on touche, on voit, on touche des inventions sans nombre.

L'objet le plus modeste est souvent le résultat ou l'occasion des inventions les plus ingénieuses, ou les plus savantes, qui donnent le travail, c'est-à-dire la vie possible et la noblesse de cœur à de nombreux ouvriers, la grandeur et la richesse à la nation.

Oui! il est utile de favoriser l'esprit d'invention, cette mine inépuisable qui s'étend sur toute la surface du globe et que tous les peuples peuvent atteindre, en creusant un peu leur sol, pour en retirer les plus riches trésors de bien-être et de vertu ; car le travail c'est déjà la vertu : l'homme laborieux et occupé n'est pas vicieux, il n'a pas le temps de l'être.

L'homme qui a une bonne idée, un projet utile, doit donc être soutenu, aidé, quelle que soit d'ailleurs son instruction, non pas seulement dans son propre intérêt, mais surtout dans l'intérêt de la civilisation, dans l'intérêt du progrès moral et matériel.

Et il ne suffit pas qu'il soit protégé par la loi ; il faut encore qu'il trouve les moyens d'exécution, l'instrument de réalisation de son idée.

Cet instrument, ce levier du travailleur de génie,

nous croyons l'entrevoir dans une institution qui reste encore à créer et que nous indiquerons en quelques mots.

Elle peut se résumer pour ses parties essentielles en sept articles ainsi conçus :

PROJET.

ARTICLE 1er.

Une Société est constituée dans le but de fonder un atelier de construction, spécialement et exclusivement appliqué à l'étude et à la construction de machines nouvelles.

ARTICLE 2.

Tout inventeur désirant recourir à cette institution, devra au préalable, faire breveter la machine nouvelle qu'il voudra faire construire, et soumettre son brevet au comité des ingénieurs de la Société. Il joindra aux pièces authentiques de son brevet, une notice historique de l'opération que son invention doit perfectionner et les plans de construction de l'appareil. Il indiquera, autant bien que possible, les brevets existants ou expirés qui ont été délivrés pour les inventions analogues, et les causes qui, selon lui, ont fait échouer les tentatives déjà faites, ainsi que les chances de réussite de son système. Le comité des ingénieurs prendra connaissance de ces pièces et donnera ou refusera le concours de la Société.

ARTICLE 3.

L'invention accueillie sera mise à l'étude. Les plans de construction seront vérifiés par les soins du comité des ingénieurs. Des certificats d'addition, s'il y a lieu, seront pris par le breveté sur les indications du comité pour le prémunir autant que possible contre les contrefacteurs. La Société entreprendra à ses frais, risques et périls, la construction des machines d'essai. Après réussite définitive, elle fera des expériences publiques, afin de donner à l'invention toute la notoriété possible.

ARTICLE 4.

L'inventeur, à ce moment, sera débiteur envers la Société de la somme de dépenses brutes qu'elle aura faites, augmentée de 40 0/0 pour frais généraux et bénéfices. La Société se remboursera de sa créance par la vente des machines subséquentes, dont elle se réservera exclusivement la construction jusqu'à parfait paiement. Aux prix de revient des machines, on ajoutera 25 0/0 pour bénéfice de construction. Le surplus pour atteindre au prix de vente, constituant le bénéfice d'invention, sera appliqué à l'extinction de la dette. La Société pourra distraire une certaine partie de ce bénéfice, au profit de l'inventeur nécessiteux dont la dette s'éteindra alors plus lentement.

ARTICLE 5.

Le breveté aura toujours le droit de se libérer, après l'achèvement de la machine; ce droit deviendra une obligation, lorsqu'il aura un bailleur de fonds pour l'exploitation de son brevet.

ARTICLE 6.

La Société aura droit, pendant toute la durée du brevet, à une prime légère sur tous les appareils vendus, quoiqu'ils ne soient pas fabriqués dans ses ateliers. Cette prime variera de 2 à 5 0/0 du prix de vente, suivant la nature des machines

ARTICLE 7.

La Société aura des correspondants à l'étranger; elle fera toutes les démarches et avances de fonds au nom de l'inventeur, pour la prise et la vente des brevets à l'étranger. Elle percevra un droit de 30 0/0 sur le prix net de ces ventes.

Tel est ce projet. Il ne nous paraît pas présenter d'objections sérieuses; sa réalisation hâterait le progrès. Les capitaux ne manqueraient pas à une pareille institution, car ils y trouveraient la sécurité que l'inventeur isolé ne saurait leur inspirer. Les chômages, qui tuent les grands établissements de construction et laissent sans ouvrage une multitude d'ouvriers, ne seraient pas à craindre pour celui-ci, car les bonnes inventions prêtes à réaliser ne manquent pas, ne manqueront jamais. Dans l'état actuel des choses, les inventeurs sérieux gardent dans leurs cartons ou dans leur tête, de nombreux projets de machines parfaitement réalisables, qu'ils ne font pas breveter parce qu'ils ne sont pas en position de les mettre à exécution, et parce que la loi exige que la mise en pratique d'un brevet soit effectuée dans les deux ans. En gardant son secret, l'inventeur ne court qu'un seul risque: celui de se voir devancé, tandis que, en se faisant breveter, il se crée mille chances contraires, s'il n'est pas prêt à mettre aussitôt son idée à exécution. Tous ces projets tenus secrets aujourd'hui, prendraient vite le chemin de l'*Établissement de construction de machines nouvelles.*

Les primes sur les appareils vendus (primes variant

de 2 à 5 0/0 suivant les conditions) constitueraient à la société des rentes importantes, non pas perpétuelles, mais de 15 à 20 ans de durée, et cela sans grever les inventeurs. Les particuliers ne se contentent pas de ces bénéfices à long terme, qui sont au contraire de l'essence d'une grande société. Les capitalistes sont généralement pressés de faire fortune; il leur faut la sève de l'arbre dès qu'elle commence à monter, au risque de le faire mourir sur pied. Ils allèguent, avec raison du reste, les chances qu'ils ont à courir dans les opérations d'industrie et les bénéfices considérables et rapides des opérations de bourse. Ce parallèle pèsera toujours sur l'industrie, sur les inventeurs, tant que l'on n'aura pas trouvé une réponse satisfaisante. Cette réponse, elle est, nous le croyons, dans la réalisation de notre projet.

Qu'objecter? Les fâcheux diront que l'inventeur n'est pas un animal raisonnable : qu'il est d'une espèce toute particulière, difficile à contenter, qu'il tourmentera les ingénieurs de la société par ses exagérations, ses exigences, qu'il entravera les travaux par des modifications continuelles? Mais ceci est une affaire de réglement intérieur; et d'ailleurs, observons que dans le but d'écarter ces inventeurs inquiets et dangereux, la société exigerait, comme nous l'avons dit, un travail sérieux du postulant, « les plans de construction de la machine et une notice historique de l'opération que son invention doit perfectionner ». La lecture de ce travail indiquerait déjà au comité si l'inventeur qui s'adresse à lui, est un homme positif. Il n'est que trop vrai qu'il existe un certain nombre d'inventeurs réunissant à une imagination féconde des défauts qui les rendent insociables et inha-

habiles, mais il existe aussi des hommes modestes et laborieux, doués du feu sacré, auxquels il ne manque que
les moyens d'exécution pour produire des inventions
admirables. Qu'on n'oublie pas d'ailleurs que la société
ne se chargerait que de l'exécution des premières machines. L'inventeur serait parfaitement libre de faire
subir plus tard à son idée toutes les modifications qu'il
voudrait.

Pour rendre ce projet plus palpable, nous l'applique-
rons à une machine qui fut brevetée en 1846, et qui, après
bien des vicissitudes, est devenue nécessaire, indispensable même à l'industrie à laquelle elle s'applique.
Inutile de nommer l'invention et l'inventeur, notre ami :
qu'il vous suffise de savoir, cher lecteur, que les faits que
nous citons, sont d'une rigoureuse exactitude ; nous
sommes en mesure de l'affirmer. Nous avons cru devoir
révéler quelques détails de ce drame intime, dont les poi-
gnantes péripéties ont duré dix années, parce que s'ils
fournissent une page sincère au martyrologe des inventeurs, ils sont aussi de nature à soutenir leur courage.
Sans doute l'inventeur est fatalement condamné à lutter
contre de nombreux obstacles ; mais sur la route aride
qu'il parcourt, il rencontre plus souvent que les misan-
thropes ne veulent le supposer, des natures d'élite qui
le consolent et viennent à son aide, sans ostentation, par
sympathie pour les idées de progrès et de persévérance
qu'il personnifie. Honneur et profonde gratitude sont
dus à ces hommes de cœur et d'intelligence, dont les
discrets bienfaits ont une influence directe sur la civilisation. Nous arrivons à notre récit.

Notre ami, sans autres ressources que sa naïve confiance dans son invention, reconnue bonne et utile par les gens du métier, tenta inutilement de faire construire ses machines chez des mécaniciens, auxquels il proposait une large part dans les bénéfices à provenir de la vente de chacune d'elles. Fort à propos, un homme généreux dont nous voudrions être autorisé à dire le nom, témoin de ses efforts, lui offrit spontanément une somme de trois mille francs, à titre de simple prêt, au taux ordinaire du commerce, refusant noblement toute participation à des bénéfices. Cette somme fut dépensée entièrement à la construction de la première machine acceptable, vendable. Aussi les suivantes n'étaient pas encore terminées, que déja notre ami était obéré. Les rares acheteurs connaissant sa détresse trop apparente, en profitaient pour obtenir des rabais impossibles. La gêne augmentant, les outils ne se perfectionnaient pas, les moyens de fabrication étaient toujours plus coûteux, les ressources que le pauvre inventeur se créait, toujours plus ruineuses. Les contrefacteurs se montrèrent bientôt. Par pénurie et par inexpérience, il tarda longtemps à les attaquer. Dans sa mauvaise fortune, il eut encore le bonheur inespéré de rencontrer un avocat en réputation, dont le cœur est aussi bon que la conscience est intègre, et qui, pour le seconder, ne voulut toucher d'honoraires qu'après l'issue du procès. Mais les frais d'instance ne se composent pas seulement des honoraires du défenseur. Par pénurie encore, il poursuivit mollement et il laissa durer trois années des poursuites qu'il avait tant intérêt à terminer promptement. Le gain de son procès fut un bonheur d'un jour : le sol était miné sous ses pas. Aussi, malgré des efforts désespérés et le dévouement de quelques amis, il succomba. Il ne perdit pourtant pas courage : les inventeurs ont la foi qui sauve, et il avait pris ses engagements au sérieux. Ses amis lui restèrent fidèles, ils lui tendirent la main... Et aujourd'hui, il ne se débat plus dans le vide, ses machines sont appréciées, il en a vendu déjà plus de onze cents : il ne doute pas qu'à l'expiration de son brevet il en aura vendu plus de deux mille. Après dix années de luttes, il gagne enfin de l'argent, avec lequel il efface jusqu'aux moindres traces du malheur qui l'a frappé.

Mais que de sacrifices il dut faire, au début! que de tourments, que d'humiliations, que d'injustices, que de soupçons offensants il eut à subir! Il est sorti vainqueur de la lutte, mais non sans avoir été blessé cruellement ; ses blessures saignent encore.

Tel fut le sort de notre ami. Tel est généralement, sauf quelques variantes plus sombres encore, celui des inventeurs qui réussissent à réaliser leur découverte; que l'on juge par là, du sort de ceux qui n'y réussissent pas !

Voyons maintenant comment les choses se seraient passées si notre inventeur avait pu s'adresser à une société telle que nous la comprenons.

La somme de trois mille francs qu'il dépensa , pour arriver à une machine acceptée du commerce, n'eût certainement pas été atteinte, si la construction en eût été confiée à un établissement possédant l'expérience pratique, les lumières et les ressources de tout genre qu'il n'avait pas, et que bien peu d'inventeurs possèdent. Supposons néanmoins cette somme de trois mille francs dépensée par la société; celle-ci serait rentrée dans ses avances augmentées de 40 0|0 pour frais généraux et bénéfices dans les deux premières années, soit par la vente des premières machines, fabriquées par elle, soit par le remboursement opéré par un bailleur de fonds, que notre ami aurait certainement trouvé dans des conditions convenables pour assurer le succès de son entreprise.

Alors il aurait eu facilement raison des contrefacteurs, s'ils avaient osé se présenter : les acheteurs ne l'auraient point rançonné, car ils l'auraient vu fort ; ils seraient venus avec plus d'empressement, car ils auraient eu confiance dans la qualité de ses produits. Il aurait vendu 200 appareils par an, au prix ferme de 300 francs ; soit 60,000 francs d'affaires par année ou 900,000 francs pour 15 ans, durée du brevet, sur laquelle somme la société aurait touché un droit minimum de 3 0|0 ou 27,000 francs.

Voilà donc pour la Société, un bénéfice net de 27,000 fr. en quinze ans, sans obérer l'inventeur, pour une avance de 3,000 fr. qui lui aurait été remboursée en deux années avec bénéfice. Et voilà pour l'inventeur, la possibilité de se créer une position honorable et lucrative, à laquelle son invention lui donnait droit de prétendre.

Mais ces résultats n'auraient pas été les seuls. La vente des brevets pris hors de France pour cette invention eût rapporté des bénéfices bien autrement considérables : Considérables surtout si on les compare aux profits que les inventeurs retirent aujourd'hui des brevets qu'ils prennent à l'étranger.

Cette source de bénéfices, si légitimes pourtant, est

absolument interdite à l'inventeur peu fortuné ; le brevet étranger est un luxe réservé aux heureux, et ceux-là savent ce qu'il coûte et aussi ce qu'il rapporte.

Ce qu'il coûte? Les prix varient beaucoup suivant les agents. Ce qu'il rapporte? C'est le plus générale ment, RIEN ; car ce que les inventeurs ne savent pas assez, ce que l'on néglige de leur dire, c'est que la plupart des législations étrangères exigent, sous peine de déchéance, que l'invention soit mise en pratique dans la première année de la demande ou dans la deuxième tout au plus, et quelque fois même avant l'expiration de la première année! Passé ce délai, le brevet tombe dans le domaine public et l'inventeur est dépouillé (*Note* V). Et cette cause de déception n'est pas la seule, la liste en est longue.

Ces résultats désastreux seraient conjurés par la Société, qui, avec ses ressources et ses relations étendues mettrait facilement en pratique dans les nations étrangères les machines qu'elle y aurait fait breveter, et serait en mesure de défendre les droits de ses clients beaucoup mieux qu'ils ne pourraient le faire eux-mêmes.

Reprenant l'exemple de notre appareil breveté, nous disons qu'il est raisonnable de penser, que cette Société eût trouvé acquéreurs du brevet dans cinq pays étrangers, au prix moyen de dix mille francs, soit cinquante mille francs, dont dix-sept mille francs environ, pour la Société, et trente-quatre mille francs pour le breveté.

Quel est l'inventeur, riche ou pauvre, qui, devant ces avantages hésiterait à s'adresser à une telle institution? La Société n'aurait que l'embarras du choix ; n'acceptant que les inventions jugées réalisables par son comité d'examen, et appuyées d'un brevet solide, elle travaillerait avec certitude de bénéfice; les moyens d'exécution défectueux, les écoles, les après coup, qui retardent si souvent les inventeurs, ne seraient pas à craindre d'une réunion choisie d'ingénieurs expérimentés et d'ouvriers habiles. Souvent une invention languit, parce que son auteur, aussi bien que celui qui est chargé de la mettre à exécution, ignorent ou connaissent imparfaitement toutes les ressources que l'on peut puiser, pour la construction d'une machine nouvelle, dans la connaissance et l'application judicieuse des moyens de travail et des procédés particuliers, employés par une foule d'industries, par l'estampeur, le découpeur, le bijoutier, le repousseur, le ferblantier, le tireur de tubes, etc... Chacun de ces métiers a des moyens particuliers de travail, qui étant employés avec intelligence dans la construction d'une machine, économisent beaucoup de temps et d'argent.

Les recherches sur la nouveauté d'une invention, que nous avons démontrées impraticables pour l'inventeur isolé deviendraient faciles à cet établissement. Son personnel spécial et ses ramifications en France et à l'étranger, après quelque temps d'exercice, lui donneraient des moyens d'investigation les plus puissants. Son patronage serait pour l'inventeur la certitude de trouver après réussite, des capitalistes disposés à le seconder, et les pillards hésiteraient à s'attaquer à une invention, que le comité aurait déclarée vraiment nouvelle et bonne, en l'adoptant.

Enfin l'on verrait naître une nouvelle position sociale,

celle d'inventeur. L'inventeur de génie n'a point qu'une
invention en tête, de même que le grand artiste ne fait
pas qu'un tableau, qu'une statue; son imagination lui
fournit à chaque instant de nouvelles combinaisons, de
nouveaux problèmes et de nouvelles solutions : souvent,
il abandonne une idée, déjà mûre, pour en poursuivre
une autre dont il espère des résultats pécuniaires plus
rapides, et c'est ainsi que, courant d'invention en invention il gaspille son temps et fait d'incroyables efforts
sans avancer à rien.

L'institution que nous proposons mettrait un terme
aux tergiversations de l'homme de génie, ou plutôt rien
n'empêcherait qu'il eût plusieurs appareils nouveaux, en
cours d'exécution à la fois.

Il trouverait acquéreur de ses inventions à mesure
qu'elles seraient réussies, car le patronage de la Société
donnerait toute confiance dans la solidité des brevets.
N'étant plus obligé de se faire fabricant lui-même (et
quel fabricant, souvent !) pour tirer parti de ses idées, il
se livrerait entièrement à son goût favori, à sa passion
d'inventions, et il en produirait de nombreuses. Il arriverait à la fortune, à l'âge où le talent est dans sa force,
sans que les inquiétudes et les angoisses aient flétri ses
facultés, sans que de dures nécessités l'aient contraint de
délaisser pour longtemps, pour toujours peut-être, ses
études favorites. Occupé sans cesse de ces questions
innombrables de science et d'industrie, qui surgissent à
chaque instant devant l'homme qui veut approfondir,
ayant la possibilité de tenter des expériences, il enrichi-

rait les connaissances humaines de ses observations;
parvenu par son mérite aux positions élevées, il mettrait au service de la patrie son imagination féconde et
son érudition. Enfin, ses œuvres lui procureraient, de
son vivant, la gloire et les honneurs qui récompensent
aujourd'hui tant d'hommes supérieurs, dans les autres
branches de l'activité humaine.

NOTES.

NOTE PREMIÈRE.

On lit dans le *Moniteur Universel* du 12 novembre 1855 :

« Les rapports de l'amiral Bruat sur l'attaque de Kinburn ont signalé le puissant effet des batteries flottantes; quelques journaux avaient déjà excité la curiosité publique en décrivant des particularités de leur construction; mais ils n'ont pas dévoilé l'inventeur de cette nouvelle arme; on apprendra avec plaisir qu'elle est due à l'initiative de l'Empereur.

» Lorsqu'au commencement de la guerre, les flottes formidables de l'Angleterre et de la France mirent à la voile pour la Mer Noire et pour la Baltique, les personnes peu initiées aux éléments de la guerre maritime crurent que ces flottes allaient renverser en un clin d'œil toutes les forteresses russes.

» L'Empereur auquel ses études sur l'artillerie avaient rendu ces questions familières, ne s'y trompa pas, et il fut persuadé que si les flottes russes, n'osant pas venir combattre en pleine mer, se réfugiaient à l'abri derrière des fortifications élevées à grands frais pendant la paix, les marines alliées ne pourraient presque rien tenter contre leurs murailles. Il insista même, dans une note qu'il adressa au ministre de la marine, pour que les amiraux n'engageassent qu'avec prudence leurs beaux et nombreux vaisseaux; car, disait-il, il faut qu'à la guerre les chances soient égale

On né peut pas hasarder contre une muraille de peu de valeur, armée de quelques bouches à feu servies par un petit nombre de cannonniers, un vaisseau portant 1,200 hommes, armé de 80 canons, dont la construction a duré des années et coûté à l'État plusieurs millions.

» La première campagne étant venue confirmer ces prévisions, l'Empereur chercha les moyens de créer, pour ainsi dire, une flotte de siége, la flotte ordinaire n'étant faite que pour combattre des vaisseaux. Entrons, à ce propos, dans quelques détails. Un vaisseau qui porte cent canons de gros calibre, une escadre qui en porte des milliers, produisent des effets très prompts et très décisifs contre des adversaires de même nature ; il n'en est pas de même contre des fortifications en maçonnerie ou en terre, parce qu'alors l'un des deux adversaires est beaucoup plus vulnérable que l'autre, étant seul exposé au danger de sombrer. Les forts de terre lancent contre les vaisseaux des boulets qui traversent leurs murailles, renversent la mâture et projettent des éclats de bois ou de fer qui mettent hors de combat un plus grand nombre de marins que les projectiles mêmes. Les boulets rougis au feu produisent encore un autre effet ; s'ils s'arrêtent ou demeurent logés dans la muraille, ou devant un entre-pont, ils échauffent graduellement le bois, et, à moins de prompts secours souvent difficiles, occasionnent un incendie qui force à abandonner le bâtiment. Des boulets de cette sorte atteignirent un de nos vaisseaux lors de la canonnade contre Odessa. Il faut ajouter que le tir des pièces placées à terre sur des plates-formes solides doit avoir plus de justesse que celui des bouches à feu mobiles sur la mer ; que le vaisseau présente un but étendu aux coups de la batterie, et que son tirant d'eau ne lui permet généralement pas de s'approcher ni de se placer comme il voudrait. Mais ce qui a rendu plus redoutable encore l'artillerie des forts, c'est l'invention qui a illustré le nom du général Paixhans, et qui consiste à lancer horizontalement, avec autant de justesse que les boulets pleins, des projectiles creux de gros calibre, dont un seul, logé dans la muraille, à hauteur ou au-dessous de la flottaison, peut, en éclatant, produire une voie d'eau impossible à fermer ; un seul de ces projectiles peut donc faire couler le navire.

» Le même effet n'est pas produit par le passage d'un boulet ; les fibres du bois se resserrent et laissent à peine passage à l'eau par une ouverture facile à boucher.

» Avant les travaux du général Paixhans, ces bombes n'étaient guère lancées que verticalement, et si elles pouvaient, en tombant sur un navire, le traverser de haut en bas, l'incertitude du tir les rendait, en réalité, peu redoutables.

» Le but principal de l'Empereur a été de trouver un moyen de créer des navires moins coûteux, d'une construction plus facile et plus prompte que les vaisseaux, tirant moins d'eau, par conséquent pouvant approcher davantage des côtes, monté par un faible équipage, par conséquent exposant moins d'existences, et recouverts d'une armure de fer afin que les boulets creux tirés par les canons Paixhans vinssent s'y briser comme du verre. L'objet primitif a donc été non pas de rendre un bâtiment complétement invulnérable, mais d'annuler les effets de l'invention du général Paixhans.

» Fort de cette idée, l'Empereur ordonna des expériences qui furent exécutées sous ses yeux au polygone de Vincennes.

Des panneaux construits en bois, représentant une petite étendue de la muraille d'un vaisseau, reçurent des armures de dispositions et d'épaisseurs diverses; des bouches à feu de fort calibre furent établies à petite distance, et leur tir permit de déterminer les dimensions et la nature de l'armure, qui, sans charger le bâtiment d'un poids par trop lourd, suffirait à protéger la muraille en brisant ou repoussant les projectiles creux. L'épreuve montra que l'armure faisait plus encore, car elle résista à des boulets pleins plus nombreux que ceux qui pourraient l'atteindre sur un même point dans une lutte très prolongée. Cet élément déterminé, l'Empereur mit à l'étude un projet de bâtiment spécial d'après le programme qui suit : un seul étage de canons, peu de tirant d'eau, peu de hauteur au-dessus de la flottaison ; protection efficace contre tous les projectiles, boulets pleins, boulets creux, boulets rouges et bombes. Les qualités nautiques durent être hardiment sacrifiées à l'objet qu'on se proposait, et l'Empereur donna à ce nouvel engin de guerre le nom de BATTERIE FLOTTANTE, pour bien indiquer que ce n'est pas un navire fait comme un autre, pour poursuivre ou éviter l'ennemi, mais une véritable batterie de siége pouvant lutter énergiquement et longtemps contre des fortifications regardées par l'ennemi comme inattaquables par mer.

» Le corps de nos ingénieurs de constructions navales fournit des hommes capables de comprendre ce projet, qui fut promptement arrêté. La batterie flottante ne dut recevoir qu'une mâture disposée pour être enlevée entièrement avant d'entrer en action, et une machine à vapeur occupant peu de place, dut, en faisant mouvoir une hélice, permettre à la batterie flottante d'aller, chose essentielle, prendre sans aide la place favorable à l'action de ses pièces.

La batterie flottante a les caractères des grandes inventions praticables et importantes, surtout parce qu'elles arrivent en leur temps. Non seulement la machine à vapeur à hélice lui donne une faculté sans laquelle elle serait presque annulée, mais les plaques de fer qui la recouvrent n'auraient pu être façonnées et forgées comme il faut, si nos plus grandes usines n'eussent pas été munies de ces énormes marteaux que la vapeur manie aujourd'hui avec une facilité et une précision qu'on ne peut voir sans étonnement. La fabrication de ces plaques et d'autres détails de construction dont il est inutile de parler exigent même une industrie tellement avancée, qu'on peut dire qu'il se passera longtemps avant que la Russie, réduite à ses propres ressources, puisse nous imiter avec succès.

» Aussitôt que les premières épreuves de tir eurent sanctionné les idées sur les quelles était basée la nouvelle invention, et avant même que le projet fut arrêté, l'Empereur s'empressa de communiquer ses vues à notre fidèle et grande alliée.

» Les juges compétents, hommes de savoir et d'expérience, éprouvèrent quelque surprise, car la question était considérée comme insoluble; mais les épreuves de tir renouvelées en Angleterre confirmèrent les résultats obtenus en France. Les deux gouvernements convinrent alors de construire chacun un certain nombre de ces batteries flottantes qui viennent de faire leur coup d'essai dans l'attaque de Kinburn. Les projectiles qui les ont frappées n'ont pu, malgré leur gros calibre, ni traverser ni même endommager leurs bordages, et elles ont ouvert dans des murailles en maçonnerie des brèches praticables.

» Ainsi, non seulement les batteries flottantes ont, comme le désirait l'Empereur, annulé la propriété si redoutable des boulets Paixhans, qui ont produit tant d'effets désastreux à Sinope; mais l'expérience de la guerre, comme les épreuves de Vincennes ont prouvé qu'elles pouvaient résister à des boulets pleins. Nos navires et ceux de nos alliés, qui connaissent maintenant les propriétés de cette nouvelle machine de guerre, sauront en tirer bon parti.

» L'Empereur avait déjà donné à la France une artillerie de bataille qui a pris une grande part aux victoires de l'Alma, d'Inkermann et de Traclir; il a encore doté la marine d'une arme qui vient seulement de faire son apparition, et dont l'avenir dira la puissance. »

NOTE II.

Nous devons ajouter que nous avons lu ce qui suit à la page 345 du dixième volume publié en 1845.

6796.

BREVET D'INVENTION DE CINQ ANS,

En date du 2 octobre 1803, au sieur DALLERY, de Paris,
Pour un bateau à hélice et une voiture marchant sur routes ordinaires.

« Ce brevet n'a pas été publié en son temps, le titre seul en est indiqué dans le deuxième volume ; les dessins envoyés plus tard par l'auteur n'étaient pas joints au dossier, c'est pour cette raison qu'ils n'ont pu être publiés.

» Ils ont été retrouvés dans les archives du Conservatoire, et comme ils contiennent certaines idées de mécanisme (1) sur lesquelles plusieurs inventeurs se sont récemment disputé la priorité, quelques savants distingués ont pensé qu'il était utile et convenable de les publier.

» Plus tard les héritiers de M. Dallery ont réclamé aussi la publication, comme dernière justice rendue à cet inventeur malheureux.

» Un fait remarquable, *à propos de l'hélice*, c'est que, à cette époque déjà, le Comité consultatif donnait à l'auteur l'avis officieux que son idée n'était pas nouvelle, et que Franklin, pendant son séjour à Paris, avait fait une expérience sur la Seine avec un bateau à hélice.

» Les dessins de M. Dallery sont sur une grande échelle, nous en donnons les principales dispositions pl. 22, etc.. » (Suivent la légende et la description du bateau à vapeur et de la voiture à vapeur de Dallery.)

(1) « L'hélice à une seule spire, le mât rentrant, l'appel de la fumée par un moteur, la chaudière tubulaire. » Rien que cela !

NOTE III.

QUESTIONS DU GOUVERNEMENT.

PREMIÈRE QUESTION. — Faut-il maintenir ou supprimer, dans l'art. 3, l'exclusion prononcée contre les préparations pharmaceutiques ou remèdes, et la défense de délivrance de Brevets pour combinaisons de finances ?

Réponse de la Société d'Encouragement.

Connaissant mal la législation sur l'exercice de la pharmacie et ne pouvant apprécier si elle est suffisante pour prévenir les abus, la société désire s'abstenir sur ce point, et laisse aux corps savants plus compétents sur ces matières la solution de la question de savoir si l'on peut sans inconvénient, supprimer l'art. 3.

Réponse de la Société des Inventeurs.

Il faut les supprimer.

Le premier inconvénient de ces proscriptions, édictées par l'art. 3 de la loi de juillet 1844, est de faire mentir la loi à son principe de non-examen préalable, puisqu'il faut, de toute nécessité, pour rejeter la demande d'un brevet, ayant pour objet, soit la découverte d'un remède, soit l'invention d'un plan financier, que le gouvernement commence par examiner la nature et la partie du brevet sollicité. Pourquoi d'ailleurs refuser l'honneur de la découverte et les profits du brevet à de semblables inventions, parmi lesquelles il peut s'en rencontrer de réellement utiles ? — Quant aux abus possibles, l'administration est bien suffisamment armée contre eux, soit par la législation spéciale qui concerne les préparations médicamenteuses, ainsi que l'exercice de la pharmacie et de la médecine, soit par toutes les lois générales et les réglements de police qui regardent les établissements financiers, les Compagnies commerciales ou industrielles.

DEUXIÈME QUESTION. — Conviendrait-il d'étendre la durée des Brevets au delà de quinze ans ? — Conviendrait-il d'abaisser le taux de la taxe et de modifier le système de paiement ? — Conviendrait-il d'accorder aux inventeurs qui ne pourraient produire le récépissé de paiement de la première annuité la faculté de faire aux secrétariats des préfectures un dépôt provisoire qui leur permettrait de prendre date et de se procurer les fonds nécessaires ? — Ne conviendrait-il pas d'adopter une durée unique pour les Brevets d'invention en la combinant avec le système des annuités.

Réponse de la Société d'Encouragement.

La société d'encouragement voudrait voir porter à vingt ans la durée des brevets. Elle souhaiterait que la loi permit au gouvernement de prolonger, par un acte législatif, la durée des brevets pris pour des découvertes importantes qui n'auraient pas encore, lors de leur expiration, produit des bénéfices à l'inventeur.

Elle ne désire pas voir abaisser le taux de la taxe ni le système de paiements par annuités de 100 fr., la première étant payée au moment de l'inscription. Si la loi accordait un délai pour le paiement, après l'inscription, elle ferait naître l'industrie de frélons prenant, coup sur coup, sans bourse délier, des brevets pouvant gêner l'inventeur réel dont la découverte aurait quelque peu transpiré.

Il est évident qu'avec le système de paiement par annuités, il est tout à fait inutile de faire plusieurs durées de brevet.

Réponse de la Société des Inventeurs.

Oui : il conviendrait d'augmenter la durée des brevets ; et le comité pense qu'il faudrait la fixer à quarante années, avec faculté pour les perfectionneurs de se servir de l'invention après quinze années écoulées depuis la prise du brevet, mais moyennant indemnité préalable payée au breveté et avec réserve pour l'Etat d'exproprier l'invention dans l'intérêt du domaine public. Cette disposition aurait le double mérite de faire une très large part au domaine public, tout en donnant satisfaction au droit de propriété industrielle. La loi française aurait le mérite d'avoir la première réalisé cet important progrès.

La durée actuelle, l'expérience le démontre suffisamment, est trop brève. Beaucoup d'inventions, et ce sont presque toujours les plus sérieuses, demandent un long temps pour vaincre la routine, pour arriver à une certaine notoriété, pour réunir les capitaux nécessaires à leur mise en activité industrielle et recueillir les premiers profits commerciaux. La lampe Carcel n'a été généralement appréciée qu'au bout de vingt ans, et l'adoption à peu près universelle du fusil à percussion a exigé trente-cinq années.

Il conviendrait d'abaisser le taux de la taxe, parce que la taxe actuelle est trop lourde pour la plupart des brevetés. Sur ce point, le comité proposerait d'adopter la nouvelle législation belge, qui établit une taxe périodique, commençant par un versement de 10 fr. pour la première année, puis s'élevant successivement à 20 fr. pour la deuxième, à 30 fr. pour la troisième, et ainsi de suite, augmentant de 10 fr. à chaque nouvelle annuité.

Ce système libéral a l'avantage de ne demander aux brevetés que des sacrifices d'argent en rapport avec les bénéfices possibles et supposés de l'exploitation de l'invention.

Il ne conviendrait pas d'accorder aux inventeurs qui ne pourraient produire le récépissé de paiement de la première annuité la faculté de faire au secrétariat de la préfecture un dépôt provisoire qui leur permettrait de prendre date et de se procurer les fonds nécessaires, parce que cette facilité proposée au profit des brevetés devient sans utilité, si l'abaissement et le paiement de la taxe sont établis conformément à la nouvelle législation de la Belgique. D'ailleurs, les demandes provisoires, dans les législations étrangères, ont toujours été une source de difficultés embarrassantes pour l'administration et dangereuses pour le breveté.

Il conviendrait d'adopter une durée unique pour les brevets d'invention en la combinant avec le système des annuités ; car, il y a, dans la loi actuelle, une véritable anomalie, une inutilité évidente et dangereuse. Pourquoi maintenir diverses catégories de brevets, quant à la durée, puisque la loi permet aux brevetés de renoncer au brevet, en refusant de payer l'annuité ?

TROISIÈME QUESTION — Ne conviendrait-il pas de supprimer l'alternative inscrite dans l'avant-dernier paragraphe de l'art. 5, et relative aux dessins et échantillons, et de supprimer ces mots : *ou échantillons.*

Réponse de la Société d'Encouragement.	Réponse de la Société des Inventeurs.
La société pense qu'il est inutile de parler d'échantillons, puisqu'en fait c'est à l'aide de dessins que les inventions sont toujours figurées, et que c'est le mode préférable à tout autre de les faire connaître.	Oui, c'est évidemment par erreur que ces mots se sont maintenus dans la rédaction définitive de la loi de 1844. La plupart du temps le dépôt d'échantillons est inutile ; il est souvent impossible ; il serait fréquemment ruineux pour le breveté, et toujours embarrassant pour l'administration, dont il encombre les archives ou ils se détériorent et s'égarent.

QUATRIÈME QUESTION. — Ne conviendrait-il pas de supprimer l'art. 18, en décidant que la communication au public des descriptions et dessins prescrite par l'art 23, ne pourra être faite que six mois après la délivrance des brevets?

Réponse de la Société d'Encouragement.

Nous approuvons tout-à-fait l'idée de ne pas communiquer au public le brevet d'invention aussitôt qu'il a été délivré, communication qui est le point de départ de tant de contrefaçons; mais nous voudrions voir porter à un an le délai indiqué ci-dessus, et conserver en même temps le dernier paragraphe de l'article 18, c'est-à-dire la préférence accordée au breveté pendant la première année, sur tout autre pour les additions apportées au brevet primitif. Il nous paraît nécessaire de conserver cet avantage au breveté, pour lui laisser le temps de compléter son invention, et parce que le secret conservé pendant un an par l'administration n'empêchera souvent pas la connaissance de l'invention de se répandre, en partie par les expérimentations que l'inventeur breveté ne craindra plus de faire sur une grande échelle, expérimentations dont il est juste qu'il profite.

Réponse de la Société des Inventeurs.

Oui, cette suppression est commandée par les graves abus auxquels cet art. 18 a donné lieu; mais il faudrait, en même temps, que le dépôt de l'impétrant demeurât cacheté, pour n'être ouvert qu'à l'expiration d'un délai de six mois.

CINQUIÈME QUESTION. — L'obligation d'acquitter intégralement la taxe afférente au brevet cédé ne doit-elle pas être supprimée de l'art. 20, en laissant subsister la simple faculté d'opérer ce paiement quand le cédant le croit utile à ses intérêts?

Réponse de la Société d'Encouragement.

En effet, il n'y a qu'une gêne inutile apportée aux transactions qui peuvent avoir lieu sur la propriété des brevets.

Réponse de la Société des Inventeurs.

Oui, la disposition de l'art. 20 est une atténuation fâcheuse du principe libéral de la faculté accordée aux brevetés de payer la taxe par annuités; de plus, c'est une gêne considérable pour les transactions industrielles qu'il est sage, au contraire, de faciliter largement.

SIXIÈME QUESTION. — N'y aurait-il pas lieu, avant d'insérer un brevet dans la collection, d'attendre que le paiement de la quatrième annuité ait été effectué.

Réponse de la Société d'Encouragement.

Nous ne le pensons pas ; de bonnes idées pourraient ainsi disparaître d'une manière fâcheuse. Nous préférons le système actuel, qui exige la publication après le paiement de la seconde annuité. Comme cette publication peut avoir lieu par extrait, il n'y a pas là une charge bien lourde pour l'administration.

Réponse de la Société des Inventeurs.

Non, le comité de la Société des inventeurs et artistes industriels, pense que le mode actuel de publication des brevets est vicieux et qu'il y a lieu de le modifier, mais non dans le sens indiqué par la question n° 6. Ce qui serait désirable, au contraire, c'est que tous les brevets, au lieu d'être publiés, comme ils le sont aujourd'hui, par simples extraits, et par volumes, fussent publiés *in extenso*, par livraisons séparées, ne contenant chacune qu'un seul brevet, et vendues à prix très réduit. Ces extraits auront le double avantage d'être authentiques et d'affranchir l'administration des innombrables visiteurs qui encombrent chaque jour le bureau des brevets, et qui, malgré la plus active surveillance, peuvent soustraire les pièces du dossier.

D'ailleurs, les extraits actuels sont toujours plus ou moins arbitrairement faits ; la plupart du temps ils sont insuffisants pour donner une idée nette de l'invention brevetée, et, enfin, la réunion forcée de tant de brevets divers, en obligeant d'acheter un volume entier et considérable, dont quelques pages seulement offrent peut-être de l'utilité à celui qui désirait l'acquérir, rend presque toujours cette acquisition inabordable pour le public ; les modifications proposées par le comité sont donc de nature à remédier à de graves inconvénients.

SEPTIÈME QUESTION. — Ne conviendrait-il pas de mieux définir la nature de la publicité dont il s'agit dans l'article 31 ? Ne pourrait-on pas décider que la publicité ne serait pas suffisante si un long intervalle, vingt-cinq ans, par exemple, s'était écoulé entre la demande du brevet et l'époque où la découverte aurait été décrite ? — Ne pourrait-on pas encore exiger, pour qu'elle entraînât la nullité, que cette publication ait été le résultat d'essais ou d'expériences faites dans un but commercial et dont l'industrie pourrait avoir eu connaissance, et non dans un but purement spéculatif ?

Réponse de la Société d'Encouragement.

La société d'encouragement voudrait ne pas voir reculer au delà de trente années l'ancienneté des publications pouvant servir à constater la non-nouveauté d'inventions brevetées. Pour des procédés plus anciennement décrits il y a une résurection tout au moins qui équivaut à une une nouvelle invention. D'un autre côté, malgré son désir sincère d'être utile aux inventeurs sérieux, elle croit que l'on dépasserait le but, qu'on exagèrerait les priviléges des preneurs de brevets, en exigeant que la publicité se rapportât à des essais spéciaux, toujours difficiles à constater. Des descriptions intelligibles insérées dans des ouvrages publiés depuis moins de trente ans, et que tout le monde a pu consulter, sont bien suffisantes pour faire que celui qui fait breveter l'objet décrit ne puisse être réputé inventeur; or, c'est l'inventeur seul qui mérite le privilége du brevet.

Réponse de la Société des Inventeurs.

Oui, il y a lieu de modifier profondément l'art. 31.

Le comité de la Société des inventeurs et artistes industriels, propose de couper court aux inextricables difficultés qui naissent des questions de publicité, de nouveauté et d'antériorité, origine et base de tous les procès en cette matière, par une rédaction conçue à peu près dans ces termes :

ART. 31. — Sont réputées nouvelles toutes les découvertes ou inventions qui n'ont jamais été exploitées commercialement ou industriellement en France, ou qui ont cessé de l'être depuis plus de dix ans. Ce délai de dix années nous paraît certainement suffisant pour que tout inventeur ou importateur précédent ait pu mettre en exploitation une découverte utile et sérieuse. Si dix ans se sont écoulés depuis la découverte ou importation, ou depuis la cessation complète de l'exploitation, c'est que toute exploitation industrielle ou commerciale a été jugée impossible ou infructueuse, et qu'on y a renoncé. Il est de l'intérêt public que la loi protége l'homme entreprenant qui parvient à revivifier une industrie morte dans notre pays.

Les Archives industrielles et les bibliothèques publiques regorgent de moyens et de procédés industriels qui feraient avancer l'industrie et créeraient du travail pour des millions de bras ; mais personne ne se hasarde à les faire revivre pour en voir le profit usurpé par tous, après le succès.

HUITIÈME QUESTION. — Ne conviendrait-il pas de décider que le breveté qui n'aura pas acquitté son annuité au commencement de chacune des années de son brevet sera déchu de plein droit, sans qu'il soit besoin de jugement, et que l'administration aura le droit de constater en ce cas, la déchéance, en la proclamant par un décret collectif rendu tous les six mois.

Réponse de la Société d'Encouragement.

Il nous semblerait juste que l'administration mit en demeure le breveté d'avoir à acquitter la taxe en retard, avant de prononcer la déchéance. Un oubli, un accident peut empêcher l'inventeur de payer la taxe en temps utile, et immédiatement il voit disparaître tout espoir de récolter le fruit de ses travaux. Il y a là un manque de bienveillance tout au moins, et avant de déclarer la déchéance, une sommation, comme cela a lieu pour les contributions (*les percepteurs pourraint être chargés du recouvrement de cette taxe*) devrait être adressée à l'inventeur.

Réponse de la Société des Inventeurs.

Oui, il n'y a aucun inconvénient à rendre à l'administration l'exercice d'un droit qui lui appartenait sous l'empire de la loi de 1791, et qu'elle n'exerçait qu'avec une grande bienveillance. Il y a, au contraire, de grands avantages, et pour le public et pour le breveté lui-même, à ce que la position de ce dernier puisse cesser d'être incertaine et indéterminée, sans qu'on soit obligé de recourir à des formalités contentieuses longues et coûteuses.

Mais, en même temps, pour faire disparaître de la législation des brevets la dernière trace de confiscation qui se trouve encore dans nos lois (*paragraphe 1er de l'art. 32 en question*), il serait bon de ne pas punir le breveté en retard seulement de quelques heures, ou dont la volonté a pu être maîtrisée par une force majeure. Il y a injustice à sévir contre lui, surtout pour l'annihilation complète de sa propriété, sans aucun avertissement préalable.

Pour arriver à cette double fin, on pourrait assimiler le recouvrement des annuités de la taxe à celui des impôts ordinaires, auxquels on n'aurait à ajouter, sur la cote, qu'un article de plus. Le paiement de la taxe annuelle serait donc réclamé par le percepteur, en même temps et de la même manière que celui des contributions foncières, personnelles ou mobilières. Après l'expiration des délais ordinaires accordés par les sommations adressées aux contribuables, si le breveté n'avait pas payé la taxe, ou fait connaître à l'administration son intention d'en discontinuer l'acquittement pour l'avenir, il serait considéré comme ayant renoncé à la jouissance du privilége de son brevet, et cette renonciation expresse ou tacite, cette déchéance, serait alors publiquement déclarée et rendue définitive par une insertion au *Moniteur*.

Cet article pourrait être ainsi conçu :

Le montant de la taxe annuelle sera perçu dans la forme des contributions.

Le breveté qui n'aura pas payé après deux sommations, sera déchu de son brevet.

La déchéance ne sera définitive que par son insertion au *Bulletin des Lois*.

NEUVIÈME QUESTION. — Ne conviendrait-il pas de supprimer ou de modifier l'art. 33, relativement à ces mots : *sans garantie du gouvernement.*

Réponse de la Société d'Encouragement.

Tout le monde est d'accord pour souhaiter la suppression de cette espèce de blâme que le Gouvernement inflige au titre qu'il accorde. Puisque personne n'est supposé ignorer la loi, pourquoi admettre que le public ne sait pas que celle des brevets repose sur le non-examen.

Réponse de la Société des Inventeurs.

Oui, car chacun, en France, est censé connaître la loi, laquelle en cette matière, est fondée sur le principe de non-examen ; d'ailleurs, l'expérience a suffisamment démontré l'inutilité et la presque impraticabilité de cette injurieuse prescription.

DIXIÈME QUESTION. — Serait-il possible ou utile d'attribuer soit à un jury unique siégeant à Paris, soit à des jurys départementaux, le jugement des délits de contrefaçon et de toutes les contestations qui intéressent les inventeurs.

Réponse de la Société d'Encouragement.

La société d'encouragement demande la création de tribunaux consulaires industriels dans les grands centres de l'industrie française, tribunaux qui, seuls, dans son opinion, peuvent rendre en matière de brevets bonne et prompte justice.

C'est sur cette réforme, qui seule peut complétement assurer aux inventeurs la rémunération de leurs travaux, que la société d'encouragement croit devoir insister.

Il y a là un progrès immense à réaliser au profit de notre industrie et des plus hautes capacités qu'elle

Réponse de la Société des Inventeurs.

Oui, il serait utile d'attribuer à une juridiction spéciale la connaissance de toutes les contestations relatives aux brevets d'invention. Mais quelles devraient être la nature et la composition de cette juridiction spéciale ? On a proposé la création de juges départementaux ou une commission d'ingénieurs, d'industriels, de savants et de technologues, divisée en deux chambres, l'une de première instance et l'autre d'appel, etc.

Le comité de la Société des inventeurs et artistes industriels, pense que, dans l'état actuel des choses, la formation d'un jury suffisant, par chaque département, serait renferme. Elle serait heureuse d'avoir pu contribuer quelque peu à sa réalisation.

impossible, et que la création inopinée d'une grande magistrature industrielle, toute nouvelle chez nous, rencontrerait de grandes difficultés.

Il a pensé que les dangers inhérents à toutes grandes innovations pourraient être considérablement atténués par l'adoption des simples mesures suivantes :

On ajouterait au Tribunal de première instance et à la Cour impériale de Paris une chambre supplémentaire, exclusivement destinée, dans chacun des deux degrés de juridiction, à l'instruction, à l'examen et au jugement de toutes les contestations relatives aux brevets d'invention. Les magistrats choisis pour exercer cette juridiction spéciale et exclusive ne seraient point soumis au roulement annuel.

Un certain nombre d'experts assermentés fonctionnaires publics et rétribués par l'Etat, seraient attachés à la magistrature spéciale, et consultés au besoin par elle, etc.

Cette organisation paraît, quant à présent, la moins innovatrice, partant, la moins difficile et la plus pratique. L'avenir, ainsi préparé, permettra peut-être, plus tard, une réalisation plus large et plus neuve du principe utile et fécond d'une juridiction spéciale en matière de brevets.

NOTE IV.

Nous lisons dans le *Guide-Manuel de l'inventeur et du fabricant*, excellent traité publié par M. Armengaud, le passage suivant (page 96) :

« Ainsi, on peut consulter, sans frais, au ministère du commerce et dans les préfectures de chaque département : 1° le recueil publié par ordre du ministre de l'agriculture et du commerce, contenant la description et les dessins des brevets expirés ; 2° le catalogue général contenant les titres des brevets en cours ; 3° au ministère du commerce le registre des brevets de l'année précédente lorsque le catalogue annuel n'a pas encore paru ; 4° les dessins et descriptions des brevets délivrés et encore en vigueur ; 5° *enfin le registre des brevets demandés et non encore délivrés.* »

Autrefois, ce registre, qui est le cahier sur lequel on inscrit successivement le nom et l'adresse de chaque demandeur et le titre qu'il donne à son invention, était laissé, en effet, à la disposition du public au bureau de la délivrance des brevets. Il n'y avait aucun inconvénient, pour les inventeurs de bonne foi, à ce que ce cahier fût consulté, puisqu'il ne divulguait pas le secret de l'invention et souvent il leur venait en aide, en les mettant sur la trace des abus de confiance dont ils étaient l'objet, et les prévenant assez à temps pour qu'ils pussent déjouer des manœuvres frauduleuses.

Ce registre n'est plus laissé à la disposition du public, nous ne savons pourquoi. Cette mesure nous paraît regrettable ; car, si, dans l'état actuel des choses, un témoin, ou un confident forcé des essais d'un inventeur, a la mauvaise foi de le devancer en prenant un brevet en son nom, l'inventeur ainsi frustré ne peut plus en être informé que longtemps après que l'acte frauduleux a été consommé, alors qu'il est beaucoup plus difficile pour lui de prouver la fraude.

Si M. Armengaud partageait notre opinion, nous serions heureux de le voir user de sa juste influence pour obtenir, dans l'intérêt des inventeurs dont il représente un si grand nombre, aussi bien que dans l'intérêt de la moralité des transactions, que ce registre soit restitué au bureau des brevets.

———

NOTE V.

En Prusse. « Le patenté est tenu de faire usage du droit qui lui est accordé, au plus tard, *avant l'expiration de six mois ;* dans le cas contraire son droit est périmé. » — (Instruction sur la délivrance des patentes, 14 octobre 1815, art. 6.)

Dans le royaume de Hanovre. « Le brevet est annulé lorsque le breveté n'a pas mis en exploitation son invention, sans raisons suffisantes, *dans le délai de six mois,* à dater du jour de la délivrance du brevet ou lorsqu'il aura cessé de l'exploiter pendant six mois » (art. 287 de la loi en vigueur depuis le 1ᵉʳ juillet 1848.)

Dans les ETATS-SARDES. « ceux qui auront obtenu un privilége devront donner la preuve devant le consulat de Turin qu'ils l'ont mis en œuvre dans le délai fixé par les lettres patentes. » (Décret royal du 28 février 1826, art. 8.) Ce délai varie *de six mois à un an.*

En RUSSIE. «Les priviléges pour des découvertes, inventions et perfectionnements réels sont concédés suivant le désir du pétitionnaire et ie jugement du gouvernement pour 3, 5, ou 10 années mais pas davantage. » — « Celui qui reçoit un privilége est tenu, avant l'expiration *du quart du temps accordé*, de mettre en pleine activité sa découverte et d'en informer le département compétent. » — « Le privilége est déchu si le titulaire ne met pas en exécution sa découverte dans ce délai (lois des 22 Novembre 1833 et 23 octobre 1840, art. 133, 142, 148.)» D'où il nous parait résulter que ce délai peut être au minimum, de *neuf mois* et au maximum de *deux ans et demi* , suivant que le gouvernement juge à propos d'accorder un privilège de 3 ans ou de 10 ans.

En ESPAGNE. « L'effet du brevet royal cessera et le privilége deviendra nul et sans force, lorsque la partie intéressée n'aura pas fait usage de l'Invention pour laquelle le privilége aura été accordé, soit pour son propre compte, soit pour le compte d'autrui, dans le délai *d'un an et un jour* après la date du brevet. (Décret royal du 27 mars 1826, art. 21.) »

En AUTRICHE. « L'extinction d'un brevet a lieu, si le breveté n'a pas commencé à exploiter son invention dans le délai *d'un an* à dater du jour de la signature du brevet ou s'il a cessé de l'exploiter pendant deux années entières. » (Loi du 15 août 1852, art. 29.)

En BELGIQUE. « Le possesseur d'un brevet devra exploiter ou faire exploiter l'objet breveté, dans l'année à dater de la mise en exploitation à l'Etranger. Toutefois le Gouvernement pourra, par un arrêt royal motivé, inséré au *Moniteur*, avant l'expiration de ce terme, accorder une prorogation d'une année au plus. A l'expiration de la première année, ou du délai qui aura été accordé, le brevet sera annulé par arrêté royal. L'annulation sera également prononcée lorsque l'objet breveté, mis en exploitation à l'étranger aura cessé dêtre exploité en Belgique, pendant une année, à moins que le possesseur du brevet ne justifie des causes de son inaction. » (Loi du 24 mai 1854, art. 23.)

En HOLLANDE. « Un brevet d'invention sera déclaré nul, lorsque le possesseur dans l'espace de deux années à compter de la date de son brevet n'en aura pas fait usage, sinon pour des raisons majeures dont le gouvernement jugera. » (Loi du 25 janvier 1817, art. 8.)

Aux Etats-Unis d'Amérique. «Dans tout procès en contrefaçon, le défendeur pourra se refuser à plaider sur les détails, et prouver par témoins, soit que la spécification de la patente déposée ne contient pas toute la vérité, soit qu'elle contient plus que ce qu'il lui appartient réellement, soit qu'il avait été fait publiquement usage de l'invention avant la demande de la patente, ou bien encore que la patente a été obtenue subrepticement et injustement au détriment du véritable inventeur, ou bien encore que le breveté, s'il était étranger au pays quand la patente lui a été accordée, avait omis et négligé, pendant dix-huit mois de la date de la patente, de l'exploiter. » (Loi du 4 juillet 1836, art. 15.)

Ce qui revient à dire, pour l'objet qui nous occupe, que la loi accorde au patenté étranger un délai *de dix-huit mois* pour l'exploitation de sa découverte.

Enfin en Angleterre, la nouvelle loi, la plus libérale sur ce point (rendue exécutoire à partir du 1er octobre 1852) ne fixe aucun délai pour la mise en exploitation d'une patente et n'y attache aucune pénalité.

Nous avons puisé ces renseignements dans le *Guide-Manuel de l'Inventeur et du Fabricant* par M. Armengaud jeune.

FIN DES NOTES.

Paris. — Imp. Félix Malteste et Cie, rue des Deux-Portes-Saint-Sauveur, 22.

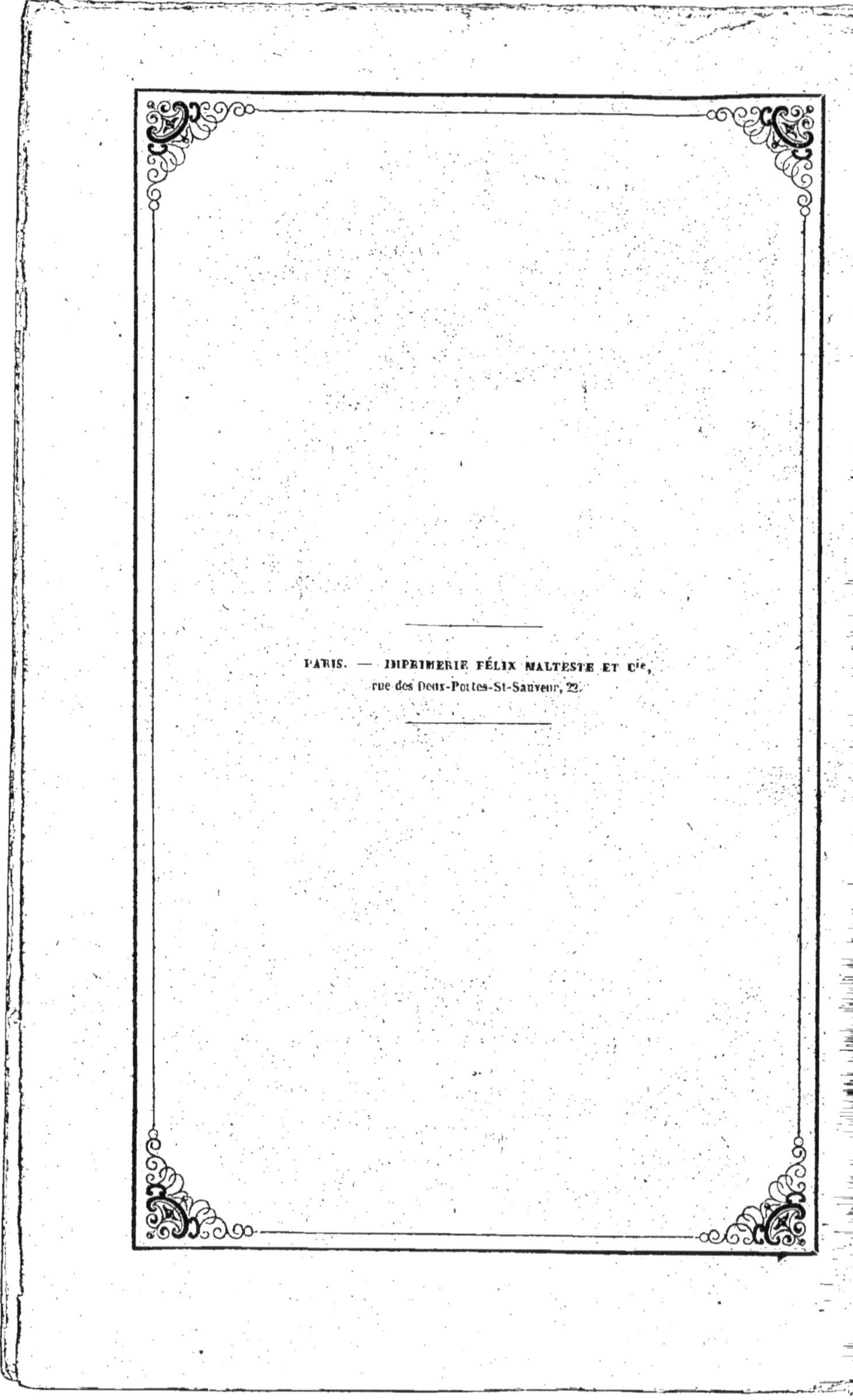

PARIS. — IMPRIMERIE FÉLIX MALTESTE ET Cie,
rue des Deux-Portes-St-Sauveur, 22.

www.ingramcontent.com/pod-product-compliance
Ingram Content Group UK Ltd.
Pitfield, Milton Keynes, MK11 3LW, UK
UKHW020020100726
13658UKWH00003B/1003